JN025105

月1万円 ほったらかし投資

はじめに

投資初心者は「ほったらかし投資」から始めよう

2024年2月、日経平均株価が34年ぶりに最高値を更新し、翌月には4万円台に突入しました。その後、揺り戻しがありましたが、数年前と比べると株価は好調、それに加え、「新NISA」もスタート。今、かつてないほど投資への関心が高まっています。「投資をしないとソンしそう」――そんな思いから、この本を手にとった方もいるでしょう。

銀行に預金してもお金は増えません。ようやくマイナス金利が解除されたとはいえ、定期預金でも年0.2～0.3%の金利なのが現状。物価上昇にとても追いつかず、銀行に預けているだけでは、実質的に資産は目減りしていきます。

一方で、株式投資や投資信託は、預金以上のリターンを獲得することが期待できます。

今の時代、**お金は、「眠らせておく（貯金）」ものから、「働かせる（投資）」ものへと着実に変化しています。**

なのに、堅実な国民性ゆえか、日本人は「投資に消極的」です。「株は怖い！ ヘタに手を出すと大事な資産を減らしてしまう」、「株は高い！ まとまったお金がないと買えない」と拒否反応を示す人もいます。なぜでしょう?

実は株に対しては、さまざまな"誤解"があります。親や上司から聞いた失敗談や、昔に見聞きしたネガティブなニュースや情報が頭の片隅にあり、「株は怖い、株は高い」と思い込んでいる人がいます。しかし、金融市場は以前とは様変わりしています。

たしかに以前は高額な銘柄も多かったのですが、株式分割が頻繁に行われて、今は10万円以下で買える銘柄も増え、1万円台の優良株もあります。

そして声を大にして言いたい。**株は決して怖いものではありません。**株は投資であって、ギャンブルとは違います。もちろん株にリスクはつきものです。いっとき、「億り人」という言葉が流行りました。株式投資や仮想通貨などのトレードで金融資産1億円に到達した投資家を指す言葉です。素人や初心者が、いきなり「億り人」を目指して、短期間で儲けようとすれば、大きなリスクを伴います。そんな冒険をするのではなく、銀行に預ける感覚で、着実に利益を積み重ねていく手法があります。

それが「ほったらかし投資」です。初心者でも、忙しい会社員でも始められ、買ったあとの手間もなく、値動きに心乱されることなく、ゆっくりとお金を増やしていく。本書は、投資をまったくしたことがない人でも、読めば始められるように、口座の開き方から、投資信託や個別株の選び方、買い方などのノウハウをわかりやすく解説していきます。

お金を働かせるには、雇い主である人間の智慧が必要です。投資にはリスクもあります。ですが、**どうすればリスクを回避できるのかを知っていれば恐れることはありません。**本書では、そうしたお金の智慧とルールをお伝えします。知っているようで知らない金融市場のことや株の売買のタイミングなど、既に投資をしている方にも役立つ内容です。

50億円稼いだ経験にもとづく着実な"お金の膨らませ方"

申し遅れましたが、私は「たけぞう」の名で活動をしている個人投資家です。

ここでちょっと自己紹介をさせてください。

日本がバブル景気に沸く１９８８年に証券会社に入社し、ディーラーを務めました。証券会社が自ら投資する銘柄の選択からエントリー、決算まで任される業務です。２０１８年に辞職するまでの24年間で50億円の利益を上げて会社に貢献しました。

現在は個人投資家として、メルマガやXで情報を発信し、セミナーの講師やラジオなどのメディアで評論活動をしています。

88年から現在に至るまで35年以上、投資に関わるなかで、バブル崩壊、ＩＴバブル、リーマンショック、アベノミクス、そして新型コロナ……と、さまざまな出来事による株価のアップダウンを経験してきました。だからこそ、みなさんに、ダウンしたときの対策も含めて、着実に増やす手法を伝えられると自負しています。

コロナ禍で緊急事態宣言が発令されたあと、40代、50代の知人によく聞かれたのが、「なぜ、街に人が出ていないのに、株価だけ上がっているの?」という質問でした。後ほど本書で詳しく説明しますが、簡単にいえば、政府と中央銀行の政策で市中にお金がたくさん出回ったからです。そのお金が金融市場に流れ込み、株価上昇につながったのです。

こうしたお金にまつわる世の中の流れを知らない方が、実はとても多いと感じます。知らないから、今、起こっていることが「不思議」だと思い、投資に対して「不安」を覚える。結果的にお金を増やす機会を失い、ソンをすることになりかねません。

まずは知ることが第一歩。知って、納得して、投資をして、あなたのお金に大いに働いてもらいましょう。本書がそのきっかけになれば幸いです。

月１万円 ほったらかし投資 目次

Part 3
まずは「月1万円」投資　新NISAから始めよう！

Part 4

次のチャレンジ！　個別株を買ってみよう

Part 5

株式投資リスクを下げる10ルール

Part 1

投資を始めないと「ソンした…」と後悔することに！

お金の智慧

01

1万円の実質的な価値は下がり続けています

物価が上がると、お金の価値が下がる

「久しぶりにマクドナルドに入ったら、ビッグマックが500円（※都心価格）！ 驚いた」
「スタバのトールラテがワンコイン。もう仕事の合間に気軽に入れないよ」
「ディズニーランドに家族4人で出かけたらチケット代だけで3万円超え！」

ここ数年の値上げラッシュを嘆く声があちこちで飛び交っています。「ワンコインランチ」「80円マック」と言っていたころが懐かしいですね。

不動産価格も上昇しています。特に首都圏のマンションが高騰し、2023年の東京23区の新築マンションの平均価格は1億円を突破しました。

日本は1990年代後半から長らく経済が停滞し、デフレが続いていたので、近年の急激な物価の高騰に、みなさんの気持ちもお財布もついていけないようです。

物価が上がると、実質的なお金の価値は下がります。

次のページの表を見てください。

10年前は1万円あれば、ディズニーランドで遊び（入場チケット6400円）、映画

を観て（入場料金1800円）、チーズバーガー（133円）を食べ、スタバのラテ（388円）を飲む。これだけのことができたのです。いや、合計8721円。まだ1279円が財布に残りますから、チーズバーガーとラテ、もう2つずつ追加できますね。

それが今や、ディズニーランドの入場チケット代だけで1万円がほぼ消えます。

1万円で買えるものが減ったということは、それだけお金の価値が下がったのです。

物価の変動を見る指標になるのが、総務省が発表する「**消費者物価指数**」です。消費者が購入する商品やサービスの現在価格の統計をとり、前年や前月の価格と比較して上昇率が算出されます。

2020年の指数を100として、2023年の指数は106.9。3年間で6.9％価格が上昇したのです。平均すると年2.3％ほど。これは全体の数字ですから、実感としての物価上昇率はもっと高いのかもしれません。

この消費者物価指数は、国の金融政策の判断材料にも使われます。

日本の中央銀行である日本銀行は、2013年から「物価上昇率2％」を目標に掲げ

ディズニーは約1.5倍に！　10年前の価格と比べてみた

商品・サービス	2014年	2024年
マクドナルド　チーズバーガー	133円	200円
スターバックス　トールラテ	388円	495円
ディズニーランド　入場料金（大人）※1	6400円	9400円※2
映画　入場料金（大人）	1800円	1900円
電気代（平均モデル ※3）	7847円	8138円
新築マンション（平均価格・東京23区）	6673万円	1億1483万円※4

※1　1デーパス　※2　休日は+500円または+1500円
※3　従量電灯B 30A 260KWh/月（東京電力）※4 2023年

もしも物価が毎年3%上がったら、お金の価値は20年で半減する！

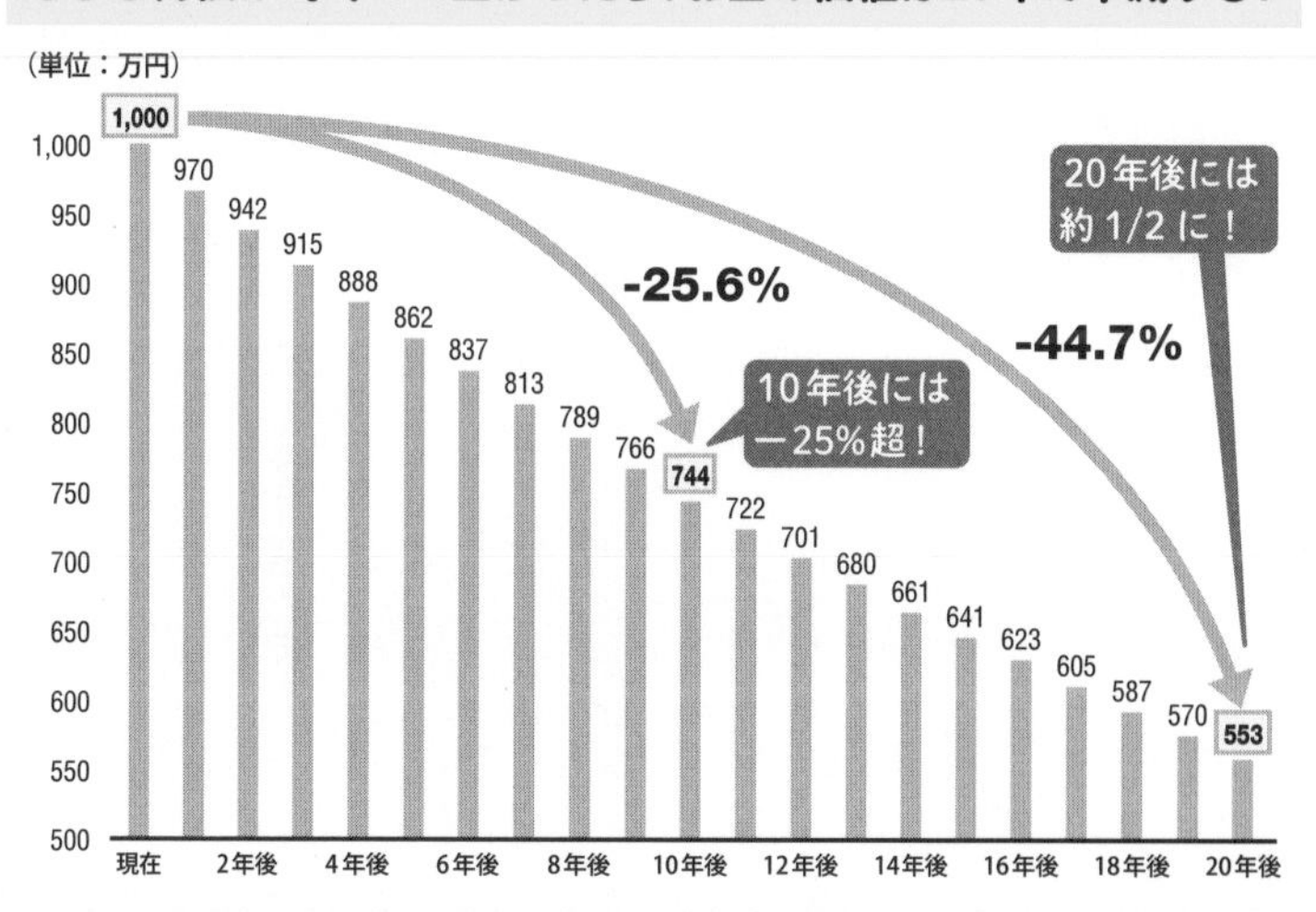

てきました。ようやく2%に近い上昇が安定的に続き、2024年2月、日銀の植田和男総裁は「日本経済は、デフレではなく、インフレの状態にある」と明言しました。

本来、良いインフレであれば、企業が価格を上げて儲かり、社員の給料が増え、消費が増えて、それによって企業が儲かる、という好循環をもたらし、景気がよくなっていきます。

しかし今の日本では、「物価は上がっているのに賃金は上がらない。生活が厳しくなる一方」というのが、多くのみなさんの実感でしょう。2024年は大企業が軒並み5%以上の賃上げを発表し、中小企業もそれに続きましたが、物価高騰を反映した実質賃金では、前年に比べてマイナスが続いている企業が少なくない。2024年春の時点では、賃金の上昇が物価の上昇に追いついていません。

ちなみに、値上げラッシュはまだまだ続きます。2024年春には、食用油、ハム、ソーセージなどの加工品、ウィスキー、ジュースなどの飲料、ケチャップなどの調味料、合わせて2800品目以上が値上げ。7月にも6400品目以上の値上げと、電気・ガス料金も上がる。気が滅入りますね。

インフレ時代は、貯金が目減りする

デフレ時代は、たんす預金でも、限りなくゼロに近い金利の銀行預金でも、預貯金が目減りすることはありませんでした。


しかし今後インフレが続いていくと、資産運用を見直す必要があります。

仮に3％のインフレが起こると、100万円で買えていた物が、103万円になります。つまり今の100万円は、約97万円の価値に下がってしまうのです。

これが2年、3年……10年……と続けば、100万円の価値はどんどん下がります。

ほとんど利息のつかない銀行預金にも同じことがいえます。今、銀行に預けている1000万円は、来年には約970万円の価値になり、目減りしていきます。


貯金以外の方法で資産を活用していかないと、目減りを食い止められないのです。

お金の智慧

02

毎月3万円の銀行預金を続けても10年後の利息はたったの2869円！

”貯金だけ“と”投資“——10年後、20年後、30年後に差が広がる

現在、銀行預金をしたら、いったいいくら増えるのでしょう。

大手銀行の預金金利は0.02％ほど。10年定期でも0.3％。ネット銀行には、もう少し金利がいいところもあるものの、大差はありません。

仮に毎月3万円ずつ積み立てた場合、10年後の利息は3600円。さらにそこから税金の20.315％を差し引くと、手にするのは、たったの2869円……。

では、投資をした場合は、どうなるのか？

わかりやすい例として、**GPIF**（年金積立金管理運用独立行政法人）の運用実績のグラフをお見せしましょう。

GPIFは、国民の公的年金を管理・運用している独立行政法人です。2001年に運用が開始され、それ以降の運用状況を示したのが、次ページのグラフです。

投資をすると、「**キャピタルゲイン**」と「**インカムゲイン**」で、2つの利益を得られます。

キャピタルゲインは、株式などの売買の差益です。株価が下がればマイナスになるリス

クもあります。

インカムゲインは、株式などを保有しているだけで受け取れる収入のこと。株の配当金や、債券の利子がインカムゲインです。


GPIFのグラフは、2001年から2023年まで23年間の累積収益額です。

2つの折れ線グラフは特徴的な線を描いています。

キャピタルゲインのグラフは、リーマンショックやコロナショックがおこった年はガタンと落ちて、コロナ以後はグーンと伸びるなど、上下しながら**右肩上がりに伸びています**。

一方、インカムゲインは、配当金などが累積されていくので下がることはありません。**なだらか**

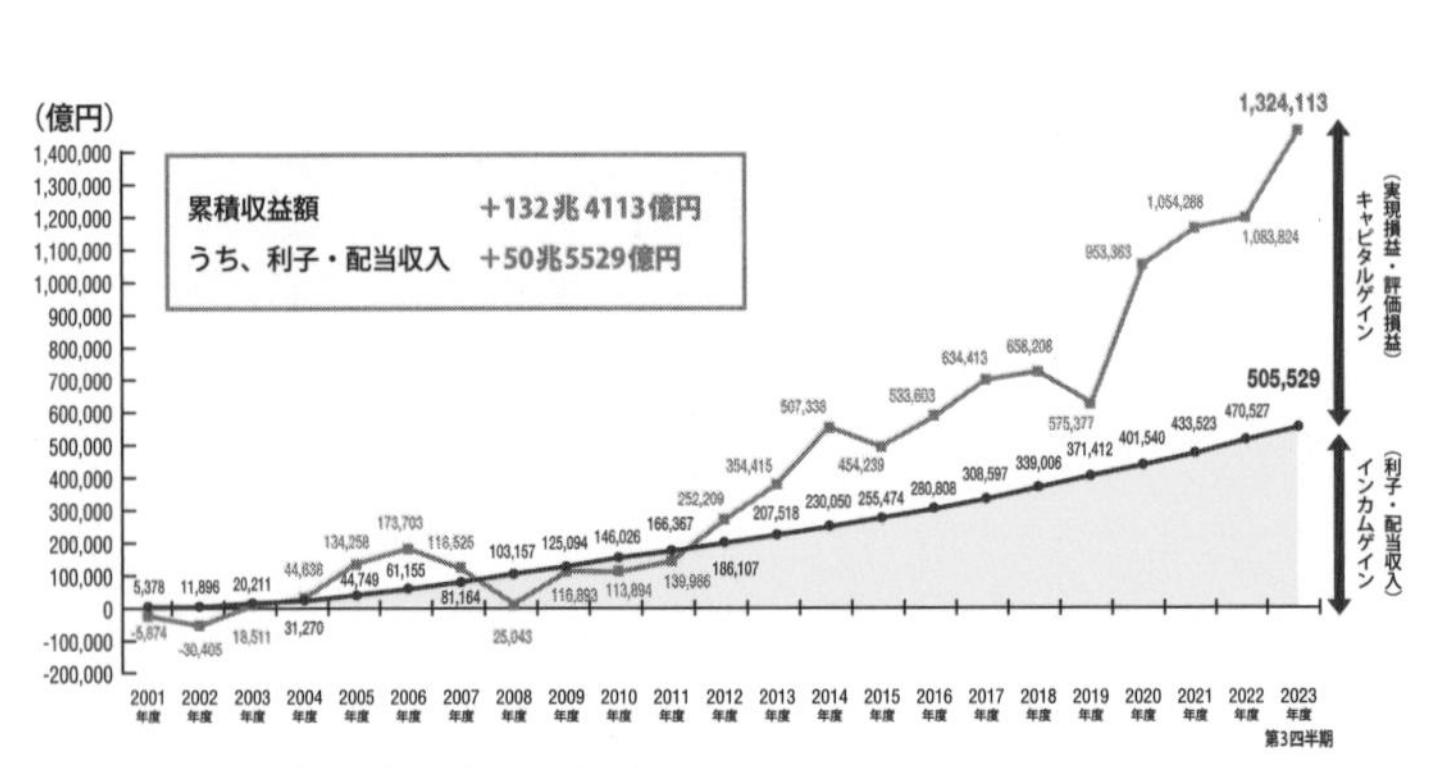

GPIF（年金積立金管理運用独立行政法人）HPより

な右肩上がり。仮に株価が下がってキャピタルゲインの部分がマイナスになっても、インカムゲインは着実に増えていくのです。こうしてカバーできるのが投資の魅力です。

2023年末の時点で、累積収益額は約132兆円。そのうちインカムゲインの収益は50兆円にものぼります。

GPIFの投資方法は、ハイリターンを狙ったものではなく、バランスのとれたリスクの少ない分散投資です。国内と外国の株式、国内と外国の債権、この4つをそれぞれほぼ25％ずつ配分。株式と債券は、基本的には逆の値動きをする傾向があります。一方に損失が出たら一方でカバーする。4つを組み合わせることでリスクヘッジになるのです。

もし、GPIFが、2001年からずっと銀行に預金をしていたら、収益額の折れ線グラフはゼロに近い横一直線になったでしょう。GPIFの例はあまりにも大きな数字なのでピンとこないかもしれませんが、桁が違うだけで家計の資産運用も理屈は同じ。投資をした場合は、このグラフのような上昇線を描き、預貯金だけの場合は、折れ線グラフはゼロに近い位置でほぼ横一直線に。違いは一目瞭然です。

お金の智慧

日本人の60%が投資未経験
インフレが起きたら大ピンチに！

「コツコツ貯金」日本の常識は世界の非常識!?

世界から見ると、日本人は極めて「貯金が好き」な国民だといわれています。それを裏づけるデータがあります。

日本の家計金融資産のうち、「預金、現金」が占める割合は55％にのぼります。「株式・投資信託」は合わせて約15％にとどまり、保険や個人年金などが25％。

アメリカの場合は、日本と真逆です。株式や投資信託の割合が50％を超え、預金・現金の割合は約12％と非常に低い。

ヨーロッパ（ユーロ圏）では、預金・現金が35％、株式・投信が30％、と、ほぼ同じような割合です。

他国と比較すると、**日本人が投資に消極的なのは明らかです。**

アメリカでは株投資が資産運用の主流

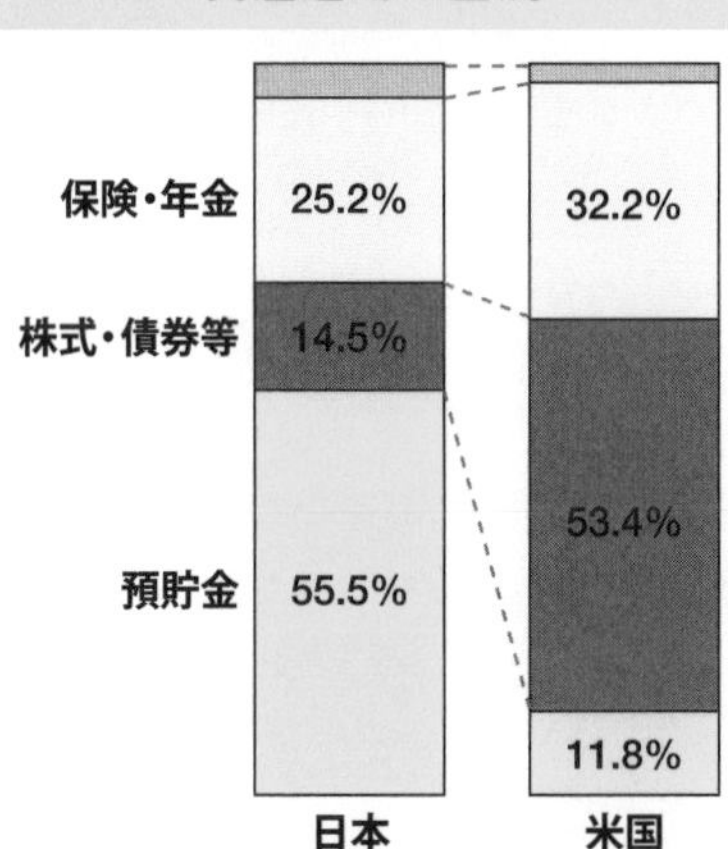

（出典）OECD “Household financial assets” の各国の2019年末のデータよりウェルスナビ社作成（2021年10月）

なぜなのか？　理由の一つは、安全志向で堅実な国民性もあるでしょう。

もう一つは、日本では金利が高い時代が長く続いたことに起因していると、私は思います。

郵便貯金の定額貯金の3年以上の利回りの推移をみると、1974年の金利は、なんと年8％。

その後、80年代の半ばに4％を切りますが、バブル景気の80年代末に6％を超え、90年には6.33％まで上昇。70年代から90年代まで高金利の時代が続いたのです。リスクを伴う株式投資をしなくても、銀行や郵便局に預貯金をしておけば、年6～8％も増えていったのだから、預貯金に励むのも当然です。

やがてバブルが崩壊。経済は低迷し、長い低金利時代に突入します。日経平均株価も下落し、2000年代には1万円を割り込みました。預貯金も増えないけれど、株の収益も期待できない。となると、やはり安全な預貯金志向は変わらず、投資に関心が向かない。こうして投資を避けてきた日本人ですが、その結果、家計の金融資産がほとんど増えず、アメリカなど他国の家計金融資産と大きく差がついてしまったのです。

こうした背景があり、日本でも投資を促す税制優遇制度、**NISA**（少額投資非課税制度）が2014年に始まりました。

本来は投資をすると、運用して得た利益に20.315％が課税されますが、これが非課税になるという優遇制度です。

その後、NISAはヴァージョンアップして2024年に**新NISA**となり、**年間投資枠が360万円に広がって、非課税期間も無期限になりました。**

また、高校の家庭科に「資産形成」の授業が組み込まれるようになり、〝投資〟はライフプランに必要な知識として浸透しつつあります。

20代、30代の若い世代は、株などの「リスク性金融商品」への関心が高いというデータもあります。資産形成の教育を受けている10代はさらに投資へのハードルが低いでしょう。

私が講師を務める投資セミナーでも、最近は会場の定員がすぐ埋まってしまうほど、若い人だけでなく、会社員や主婦、幅広い層の多くの方が足を運んでくださっています。

貯金から投資へ。潮目が変わっているのを、肌で感じます。

お金の智慧

04

10年で10倍になる株もある ディズニーも15年で約15倍！

山口市のおじいさん、おばあさんは"億り人"

投資はギャンブルではありません。"億り人"を目指すよりも、コツコツと利益をあげる手法をおすすめします、と、本書の冒頭で書きました。

とはいえ、それではちょっと夢がなさすぎるかもしれませんね。

やはり株の醍醐味は大きなリターン。購入した銘柄の株価が、10倍、100倍になった！というケースは実は数多くあります。

私は山口県出身ですが、今や世界的なアパレル企業となったユニクロも山口で誕生した会社です。ユニクロを展開する会社、ファーストリテイリングが株式市場に上場したのは94年のこと。私の地元の仲間に聞いたのですが、**当時、ファーストリテイリングの株を買った人たちが、まさに"億り人"になっています。**株式分割をしているので正確な数字はわかりませんが、株価は100倍ぐらいに上昇しています。100万円分を買っていれば、1億円の資産を手にできていたのです。

ファーストリテイリングは、もともとは小型株（時価総額と流動性が低い株）で、はじめは広島証券取引所（2000年に廃止）に上場しました。山口の人たちは、地元の企業を応援するつもりで株を購入したのかもしれません。はじめの数年、ユニクロの株価は低迷していて、ブレイクしたのはフリースが人気を呼んだ98年以降。低迷期も株価を売らずに持ち続け、100倍に膨らんだのです。

北海道の家具店からスタートしたニトリは、89年に札幌証券取引所から上場した中小企業でしたが、店舗を拡大していき2002年に東証一部に上場。2002年10月時の株価は977円。その後、会社名はニトリホールディングスとなり、2024年5月28日時点の株価は17580円。約18倍に上がっています。ちなみに1989年時の株価は250円台。このときに購入していたら、70倍になっているわけです。

コロナ以降に株価が上昇したこともあり、ここ10年の間に5倍10倍へと大化けした銘柄は少なくありません。

ディズニーランドとディズニーシーを運営するオリエンタルランドの株は、株主優待として提供される入場チケット（1デーパスポート）を目当てに購入する人も多く、人気の

あの有名企業も10年で爆伸び！

	2014年	2024年
ユニクロ	14526円	40890円
ニトリ	6510円	17580円
アダストリア	1560円	3560円
ワークマン	1365円	3775円
スノーピーク	250円	1245円
神戸物産	300円	3410円
ディスコ	3236円	62240円
日本郵船	1120円	5198円

※ 2014年は始値を記載。2024年は5月28日時点のもの

高い銘柄です。2024年5月時の株価は4500円台。10年前は700円台でしたから、6倍以上に増えています。さらに遡って、15年前の2009年と比べると、当時は300円台。約15倍になっています。

もしも2009年にオリエンタルランドの株を100万円分買っていたら、1500万円になっているのです。今後も売らないで保有し続ければ、さらに上がる可能性があり、毎年継続して配当金もつき、年2回1デーパスポートをもらえます。

購入した銘柄が、こうして何倍、何十倍と膨らむことも、株投資にはありうるのです。

だから株は、勉強しがいがあり、面白い！

Part 2

日経平均株価が4万円を突破した本当の理由

お金の智慧

日銀が株を爆買い！コロナ禍には年7兆円分買い入れし、株価上昇を支えた

コロナ禍でも株価は上がっていた

「景気がよくなったという実感がないのに、なぜ日経平均株価が史上最高値になるのか？」
「コロナで世の中が停滞していたのに、なぜ株価が上昇するのか？」
今の株高を不思議に思っている人は多いようです。

ふり返れば、新型コロナウイルスが世界中に蔓延し、日本で非常事態宣言が出されたのは２０２０年４月のこと。しばらく不要不急の外出は制限されて、飲食店や商業施設は休業や営業時間の短縮を余儀なくされました。街から明かりが消え、人の姿もまばらになりました。

コロナウイルスは変異を繰り返して、なかなか終息せず、季節性インフルエンザと同じ「5類感染症」に移行したのは、２０２３年５月。

日常生活がほぼ元の状態に戻ってから1年もたたないうちに、「日経平均株価が34年ぶりに最高値を更新」「4万円を突破！」というニュースがメディアを賑わせたのですから、みなさんが、「なぜなんだ？　世の中、何が起こっているんだ？」と、キツネにつまれたような気分になるのも無理はありません。

実はコロナ禍の最中も株価は上昇していたのです。

コロナウィルス感染の脅威が世界に伝わり始めた2020年2月末から3月中旬までは、日経平均株価は暴落しました。しかし4月には回復し、2021年9月にはバブル崩壊後、初めて3万円台に達したのです。

なぜコロナ禍にもかかわらず株価が上昇したのでしょう?

結論からいえば、**世界中の中央銀行が市中にお金をバラまいた**からです。

どういうことか説明しましょう。

パンデミックのバラまきの結果……

世界中でコロナウイルスが猛威をふるいはじめたころ、各国がロックダウン(都市封鎖)や外出自粛要請など、経済活動を一時的に止める対策をしました。そうすると必然的に経済が悪化します。落ち込む経済と国民の生活を支えるために、アメリカをはじめ世界各国の政府は、大規模な**財政出動**や**金融緩和**を実施したのです。

日本の場合も、中央銀行である日銀が、国債や社債、ETFをどんどん購入して、お金を供給したのです。政府は、国民の生活を支えるために、すべての人に特別給付金として10万円を、個人事業主や企業に対しては持続化給付金や助成金などを支給しました。

みなさんも、給付金で何かを買ったり、あるいは貯金をしたりしたでしょう。

つまり、コロナショックの対策としてお金がバラまかれたことで、市中にたくさんお金が出回り、消費活動が活発になって企業は儲かる、そして金融市場にもお金が大量に流れ込んだのです。

日銀が社債を買った企業は潰れないだろうと、投資家たちは安心します。じゃあ、余剰金でこの企業の株を買おう、と投資熱が高まるわけです。

今は市場にお金があふれている状態が続いているのです。お金の量が増えれば、お金の価値が下がり、物価は上がります。

株高も物価高も、世界中で起きていることです。

お金の智慧

1ドル155円の超円安！「割安な日本」が海外勢から買われている

海外で稼ぐ企業には追い風

円安が進み、24年4月後半には1ドル155円を突破しました。

インポートものの靴やバッグが驚くほど高額になり、エネルギー資源を輸入に頼る電気・ガスの料金も上昇するなど、「円安」のデメリットが強調されがちですが、**日本経済全体を見ると、実はメリットのほうが大きい**のです。

日本の時価総額トップの企業、トヨタをはじめ、ファーストリテイリング、ニンテンドー、総合商社など、海外で稼ぐグローバル企業は、円安によって利益を拡大しています。海外で得られる収益は、円安のほうが、日本円で換算した金額が上がるため、有利なのです。

例を挙げると、トヨタが、1万ドルの自動車をアメリカで売ったとします。1ドル100円だと1台100万円。1ドル150円であれば150万円。同じものを売っているのに売上げが1.5倍になるのです。

しかも、海外から見れば、日本製品は安くて「お買い得」なので、よく売れるわけです。インバウンド需要も好調です。訪日外国人旅行者の数は、コロナ禍前の２０１９年よりも上回っています。

外国人観光客にとっては、日本は食べ物も洋服も宿泊代も「安い」国。

80年代末から90年代、円が強かった時代は、どこの国に行っても日本国内より物が安かった。ヨーロッパでブランド品を買いあさる日本人旅行者の姿がニュース映像で流れていたものです。今はその逆の現象が起きています。

一杯１０００円のラーメンを、「なんて安いの！」と目を輝かせる訪日客。彼らがどんどんお金を使ってくれるおかげで、２０２３年のインバウンド需要は5.9兆円にのぼりました。日本経済に大きな利益をもたらしているのです。

米中関係の悪化で、日本の半導体産業が飛躍

ところで、アメリカと中国の対立は、当然、日本にも影響を及ぼします。

言葉は悪いですが、アメリカの中国たたきによって、今、中国経済は失速しています。

一方のアメリカは、日本、台湾、韓国と手を組んで半導体開発に力を注いでいます。熊本に、世界最大手の半導体企業、台湾の**TSMC**が誘致されて話題になりました。完成した工場は東京ドームの4.5個分の広さ。台湾の人も含め、多くの人材が集まり、周辺はマンションの建設ラッシュで、不動産価格も跳ね上がっています。TSMCによる経済波及効果は計り知れません。

80年代には世界一のシェアを誇っていた日本の半導体産業は、その後、時代の流れに遅れをとり、撤退、縮小していきました。しかし、今また、他国と手を組み、政府も支援して、半導体産業を盛り返そうとしているのです。

日本は、米中関係悪化の恩恵を受けているといえるかもしれません。

お金の智慧

07

東証が株主重視の経営をするよう指導！　配当増などの株主還元が充実していく

バブル崩壊後、企業はお金をためこんだ

日経平均株価を押し上げたバックボーンには、東京証券取引所（東証）が推進する市場改革があります。

証券取引所というのは、株式の売買を行う市場を提供するだけでなく、上場を希望する企業を審査し、取引が適正に行われているのかを調査・分析などもしています。いわば、証券市場における、お上（かみ）のような存在です。

その東証が昨年、上場企業に対して**「資本コストと株価を意識した経営の実現」**に向けた取り組みを求めたのです。

東証の通達ですから、企業はそこに向けて努力します。「株価を意識した経営」の取り組みとして、各企業が積極的に行ったのが**「株主還元の強化」**です。つまり、企業が稼いで得た利益を株主に還元するということ。

バブル崩壊後、業績が落ちた日本の企業は設備投資や人件費を削って採算を改善しようとしました。そして銀行の貸し渋りもあって、企業はお金をため込むようになった。縮小均衡（きんこう）の経営です。でも、それでは企業は成長していきません。

東証の改革は、企業に、ためこむ経営からの脱却を促したのです。利益を株主に還元して、成長戦略を練って、収益力と企業価値を高める、という方向に導く改革です。

株主がトクする改革

東証の要請を受けて、上場企業は具体的にどんな改革をしたのでしょう。

一つは、**「増配」**。株主への配当金を増やすことです。

もともと日本の企業は、アメリカなどに比べると、業績が上がっても増配を行わない傾向がありましたが、積極的に増配を行う企業が増え、株主への配当金は過去最高の水準に膨らんでいます。増配を発表すると注目されるので、株が買われる傾向にあります。

株主への利益還元の一つとして**「自社株買い」**をする企業も増え、過去最高に達しました。

通常、株式会社は、株式を発行して市場へ流通させ、投資家が株を買うことで、会社は資金を得ます。自社株買いとは、会社自らが自社の株式を市場から買い戻すことです。

自社株買いをすると、株価が上がる傾向があります。なぜかというと、自社が買い戻すことで市場内の発行済株式総数が減少するからです。流通している数が減れば、物の価値は上がりますよね。それと同じです。すでにその会社の株を持っている株主にとっては、自社株買いは好材料です。

また、企業が**「政策保有株」**を売る動きも加速しています。

政策保有とは、企業同士がお互いに株式を持ち合う仕組みのことで、日本独特の慣習です。取引先との関係維持や買収防衛といった目的で行われるのですが、なれ合いを助長して、資産の有効活用を妨げることになり、海外の投資家からも批判をされていました。

そうした古い体質を改め、政策保有株を縮減する、グループ会社の持ち合いを解消する、という動きが活発化しています。

さらに今年、金融庁が、損保保険大手4

社に「政策保有株の売却を加速するように」と求めました。それを受けて、損保ジャパンＨＤなど4社は政策保有株をゼロにする方針を表明しました。ゼロに向かって粛々と政策保有株を売っていくということです。保有株を手放すことで巨額の売却益が生じます。株主還元も期待でき、株価は一気に上昇しました。

こうした日本企業の取り組みは、海外の投資家へのアピールにもなります。海外投資家は、企業の資本効率を重視します。それを示す指標に**ROE**（自己資本利益率）があります。計算式は、当期純利益÷自己資本×100。株式によって調達された自己資本が、どれだけ効率的に利益を上げているかを示します。日本企業はＲＯＥが低い傾向があったのですが、政策保有株の縮減などを積極的に行い、資本効率を上げる努力をしているのです。世界の投資家が日本企業を再評価し、買う動きが強まったことが、日経平均株価が上昇した大きな要因といえます。

株式分割で、株がお手頃価格に

東証は、個人投資家が買いやすいように、上場企業に対して投資単位の引き下げも要請しています。

この要請を開始したのは、1990年。当時は、1000株単位での売買が主流で、1単元、100万円以上の銘柄が70％以上にのぼり、50万円未満は3％ほど。まとまった資金がないと株は買えなかったのです。

その後、東証は、望ましい投資単位として「50万円未満」という水準を明示しました。とはいえ、業績のいい企業はどんどん株価が上がっていきます。

2020年に東証は、投資単位の引き下げに向けて**「株式分割」**を促す要請をしました。株式分割とは、1株をいくつかに分割して、発行済みの株式数を増やすことです。たとえば1株を2株に分割するとします。1株1000円の株を保有していた株主は、500円（1000円の1／2）の株を、2株保有することになります。なので資産価値は変わりません。

株式分割をすることで、株の購入金額は下がり、株式数が増えるので、より多くの人が買いやすくなります。

最近の大きな分割は富士通と三菱重工が1：10で分割しました。つまり株価は1／10に。富士通の場合、分割前の株価は2万5000円前後。2万5000円として、1単元（100株）250万円。それが分割後は25万円になったわけです。購入のハードルがグンと低くなります。

日経平均株価は「平均」じゃないことを知っておく！

日経平均225の中身は入れ替わる

２０２４年2月22日、日経平均株価が34年ぶりに最高値を更新しました。「バブル絶頂期の89年以来！」「失われた30年を経て、ようやく日本経済が活力を取り戻した」「歴史的な日！」と、各メディアがトップニュースで報じました。

実は私は、この熱狂をやや冷めた目で見ていました。

というのも、〝バブル超え〟は、あくまでも日経平均株価の数字だからです。

みなさん、「**日経平均株価**」とは何なのか、ご存知でしょうか？

日経新聞社が算出し、公表している株価指数のことで、日本政府の経済統計としても使われています。重要な指標であることは確かです。

ただ、これは上場企業全体の平均ではないのです。

東京証券プライム市場には、約１６４８銘柄（２０２４年5月時点）が上場しています。そのなかで、取引が活発で流動性の高い225銘柄を選定して算出しているのが日経平均です。選定される採用銘柄は毎年見直しが行われ、入れ替をしています。だから日経平均の中身は毎年少しずつ変わっているのです。

そもそも225の構成銘柄の選定方法も株価の計算方式も、何度か改定されているので、89年と現在を単純に比較することはできません。

半導体銘柄に偏っている日経平均

225の構成銘柄のなかでも、株価水準が高く、日経平均株価全体の数字に強い影響を及ぼす銘柄と、影響力の少ない銘柄があります。これを寄与度といいます。

日経平均株価が4万円台に達した2024年3月時点の寄与度の高い上位5社のうち、なんと4社が半導体・AI関連です。東京エレクトロン、アドバンテストなど4社の寄与度を合計すると、約22％を占めます。

下表のように、半導体関連銘柄の株価はこの一年で急上昇しています。

半導体関連株の好調が日経平均株価を押し上げた

	2023年始値	2024年3月4日
アドバンテスト	2050円	7380円
SCREEN ホールディングス	4130円	19500円
東京エレクトロン	12780円	39290円
ルネサスエレクトロニクス	1172円	2715円
信越化学工業	3186円	6673円
レーザーテック	21395円	41760円

※ 2024年3月4日は日経平均株価が4万円を突破した日

日経平均株価が最高値を更新するきっかけになったのは、アメリカの大手半導体メーカー、エヌビディアの決算発表です。エヌビディアの好調と株高が、日本の半導体関連銘柄に影響を及ぼして、日経平均株価が伸びたのです。

現在の日経平均株価は、日本の株価指数というよりは、半導体関連企業の株価指数といってても過言ではありません。半導体関連の企業が好調だから日経平均株価も高値が続いているのです。

もちろん半導体だけじゃなく、その他にも伸長した銘柄はあります。たとえばファーストリテイリングは2023年10月上旬は3万円台前半でしたが、2024年3月下旬には4万5000円を突破しています。

日経平均株価が上がっていても、実は、値下がり銘柄数のほうが値上がり銘柄数よりも多い、ということもよくあります。

ですので、日経平均株価の数字に踊らされないことです。

逆にいうと、日経平均株価が暴落しても、伸びている銘柄は必ずあります。

個人投資家のみなさんにとっては、日経平均株価が上がるより、自分が買った銘柄が上がることのほうが大事ですから。

お金の智慧

09

バブル崩壊のような株価暴落が起こる可能性は低い

日銀が作った株価高

コロナ以降の急激な株高に、バブル崩壊の苦い記憶を重ねて「そのうち、株価が一気に下がるのではないか」と心配する声も聞かれます。

これから投資をしようというみなさんには、気になるところだと思います。

結論を言うと、かつてのバブル崩壊のような株価暴落は起きない、と私は考えています。理由は2つあります。

一つは、今回の株高と物価高は、世界中の中央銀行の施策が招いた結果だからです。

2020年に起きたコロナ・パンデミック。国の経済と国民の生活を支えるために、各国の中央銀行が、大規模な財政出動と金融緩和を行いました。それによって市場にお金が出回り、株価が上昇し、現在もその状態が続いています。

いわば、今回は、**世界中の中央銀行が作った株価高**なのです。

90年代のバブル崩壊は、過剰融資をして巨額の不良債権を抱えることになった銀行など金融機関の責任も大きかった。

でも今は中央銀行が自ら作った状況なので、自ら崩壊させて国民を困らせるような施策を打つことは考えられません。

"低金利"が続くうちは安泰

もう一つの理由は、現在は**低金利が続いている**からです。かつてのバブル時代は金利が高く、住宅ローンなどの貸付金利が7～8%まで上がりました。金利の負担が大きく、不況になって払えなくなるという事態を招き、企業の倒産や不良債権問題などが後を引いたのです。しかし現在は、ようやくマイナス金利政策を解除したところ。返済ができないリスクは当時とは比べものにならないくらい低いため、そこが大きく違います。

アメリカは、インフレを抑制するため、政策金利を上げました。2024年現在の金利は5%以上です。本来、金利を上げると、企業の設備投資や個人の住宅購入などを控えるなど、投資や消費の経済活動が抑えられて、物価や株価が下がる傾向があるのです。

しかし、政策金利を上げたのに、物価も株価も下がっていません。アメリカの中央銀行、FRBの見込みどおりにはなっておらず、悩ましいところだと思います。

じゃあ、日本はどうでしょう。
90年代のバブル崩壊の反省から、物価高を抑えるために金利を上げることは、なかなかできないと思います。

バブル崩壊は、当時の政策金利、公定歩合を上げたことが引き金になったのです。90年に公定歩合を段階的に引き上げ、長期金利の指標となる10年もの国債の利回りは8%以上まで跳ね上がりました。そこから株価も下落に転じ、長い冬の時代に突入したわけです。

こうした苦い経験があるので、日銀は、金利を上げるなどの金融引き締め政策には踏み切れないと、私は思います。しばらく

低金利は続くでしょう。

預貯金をするよりも、株や投資信託を始めたほうが有利。と、私がおすすめするのも、低金利が大きな理由です。もし今後、金利がグンと上がれば、そのときは株を売って、安全な定期預金を選んだり、国債を買ったりしてもいいわけですから。

ただ、何事も”絶対“はありません。

バブル崩壊のような事態に陥ることはないとは思いますが、株高が永遠に続くことはあり得ません。

日銀の金融引き締め政策、円高、海外投資家の撤退……ということが起こったら、株価が暴落するリスクはあります。

浮かれすぎても、恐れすぎてもいけない。

今、世界で、日本で、何が起こっているかを冷静に見ていくことが大切です。

Part 3

まずは「月1万円」投資
新NISAから始めよう！

お金の智慧

10

新NISAはリスク㊦課税㊣
銀行預金よりメリット㊜

新NISAのメリットを享受して、早く始めるのが勝ち！

2024年から「新NISA」がスタートしました。投資をする人にとっては、とてもおトクで便利な制度です。特に初めて投資にチャレンジする人は、まずNISA口座から投資を始めるのがおすすめです。

NISAとは少額投資非課税制度のこと。NISA口座で株式や投資信託を買うと、投資で得た利益に税金がかかりません。

通常は、預金や投資をして利益が出たら、利益に対して20.315％が課税されます。たとえば100万円の利益が出たとしたら、20万3150円が差し引かれます。NISA口座なら、100万円の利益をまるまる受け取れるのです。以前のNISAは、非課税になる期間が限られていましたが、「新NISA」では無期限に。つまりどんなに利益が出ても、一生、非課税で投資ができるようになったのです。

また、年間の投資枠も拡大されました。新NISAには、「**成長投資枠**」と「**つみたて投資枠**」があります。「成長投資枠」は240万円、「つみたて投資枠」は120万円まで購入でき、最大1800万円分の株や投資信託を運用できます。

新NISAの「つみたて枠」で扱っている投資信託やETF（上場投資信託）などの商品

新NISAで毎月3万円積み立てて年3%で運用

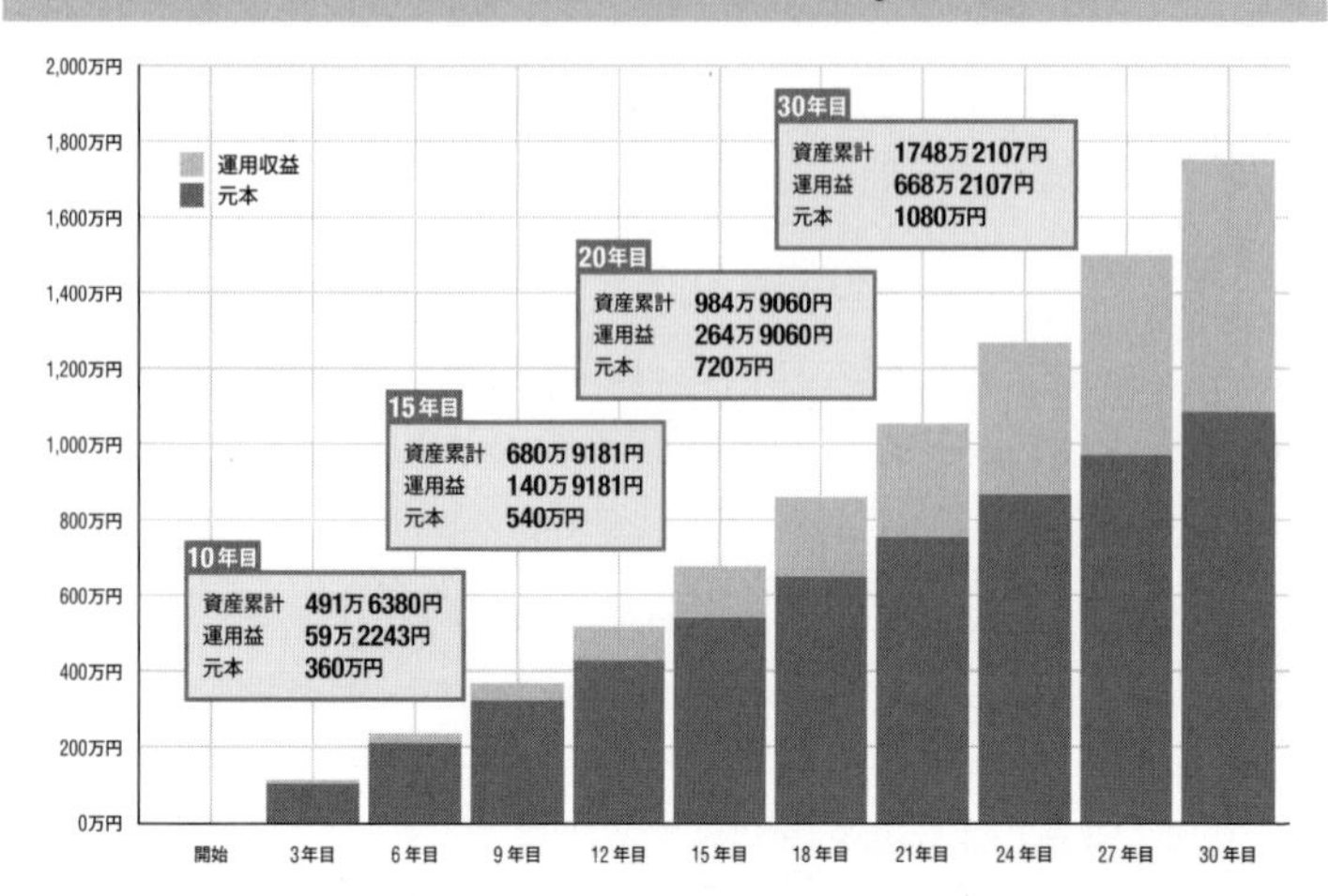

新NISAで毎月3万円積み立てて年6%で運用

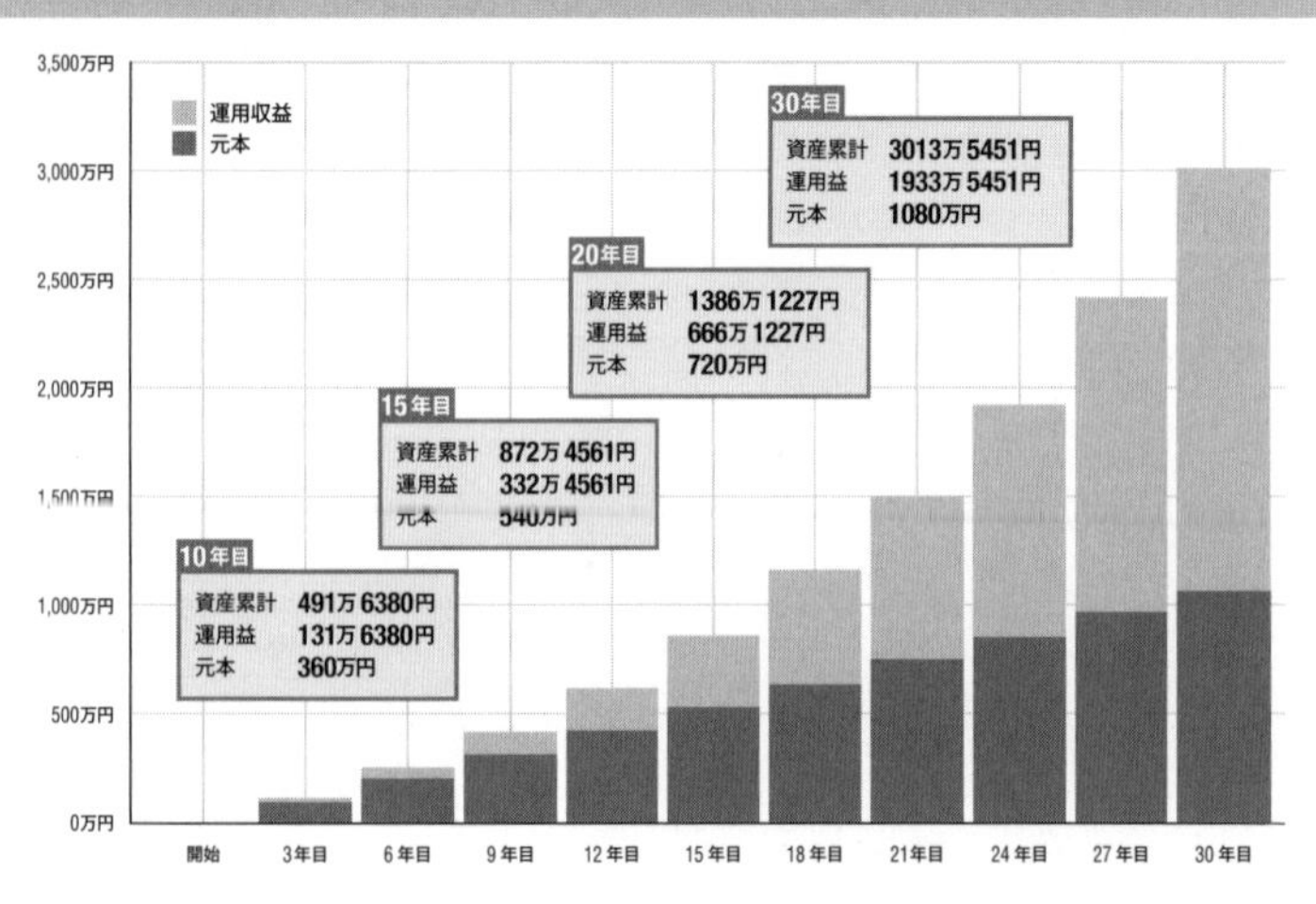

は金融庁が定めた要件をクリアしたもの。いわば、金融庁のお墨つき。ですので、リスクが低いといえます。

リスクが低く、少額で始められて、しかもリターンが大きいのが、積立投資です。銀行の積立預金のようなもので、投資信託を毎月決まった金額ずつ買っていく方法です。

右のグラフを見てください。毎月3万円ずつ投資信託を購入した場合の例です。現在は平均利回りが10％を超える商品もありますが、20年、30年という長い期間で見れば、株価が下がって元本割れをするときもあるでしょう。それを想定して、年3％、年6％の利回りで運用したケースを算出しています。

3％の利回りで10年積み立てた場合、491万円に。20年では985万円、30年では、1784万円になります。30年間に積み立てた金額は1080万円。1.7倍に増えたのです。

6％の利回りで運用できた場合は、10年で491万円、20年で1386万円、**30年でなんと3013万円に！　約3倍になるのです。**

銀行で月々3万円を積み立てても、30年後は1130万円程度（金利0.2％・年1回複利計算）にしかなりません。とはいえ、低リスクではあるものの、投資信託は元本割れするリスクがないわけではありません。その点を理解した上で、どちらにするのか選択をしましょう。

お金の智慧

11

手数料割安が魅力のネット証券
どの商品に投資するかで選ぶ

手数料が安く、取扱い商品が多いネット証券を

投資を行うには、証券会社で自分の口座を開く必要があります。

証券会社には、店舗型とネット証券があります。

店舗型は、実店舗を持っていて、対面でのやりとりが可能。口座開設から、投資信託などの商品選び、実際に注文するまでの手続きを、担当者にフォローしてもらえるというメリットがあります。

一方、ネット証券は、投資信託や日本株の売買手数料を無料にしているところも増え、総じて手数料が安いのが魅力。

スマホやパソコンで取引をするのは不安、担当者に説明を受けて納得したうえで売買したいという方は、店舗を選んでもいいと思います。

スマホやパソコンの扱いに慣れているみなさんには、ネット証券をおすすめします。同じ金融商品を売買しても、手数料の違いで受け取る金額は変わってきますから。

ネット証券でも電話やチャットでサポートが受けられますし、口座開設やインターネットでの取引も、決して難しい作業ではありません。

クレジットカードで払えばポイントも貯まる

では、どこの証券会社を選べばいいのか？

顧客の多い人気のネット証券はどこも手数料が安く、機能も充実しているので、その中から選ぶのがいいでしょう。

証券会社によって、購入できる商品、手数料、クレジットカードとの連携などそれぞれ違いがあります。最近は、投資信託などの積立購入にクレジットカードを使えるところが増えていて、クレカポイントを貯めることもできます。各社それぞれの特徴を紹介します。

SBI証券……口座開設数ナンバー1の最大手。投資信託の取扱数も最多。国内株や米国株の売買手数料が無料（諸条件あり）。三井住友カードでクレカ積立ができる。

楽天証券……楽天グループの楽天カードが使え、取引でポイントが貯まり、さらに貯まったポイントで投信や株が買える。投資信託の取扱数も多い。国内株の売買手数料が無料になるコースもある。

マネックス証券……海外株に強く、米国株の取扱銘柄数は5000以上。米国株の手数料も安い。マネックスカードでクレカ積立ができ、ポイント還元率が1.1％と高い。

松井証券……日本で最初にインターネット取引を開始した老舗。国内株、米国株の売買手数料が無料（取引金額によって異なる）。取引相談窓口や、投資情報の動画配信といったサービスが充実している。

どの証券会社を選ぶかは、単に手数料の比較だけでなく、今後、米国株を買いたい、クレカ積立でポイントを貯めたい、といったみなさんの目的によります。購入したい銘柄があるならば、それを扱っていることが必須条件です。

このあと本書で紹介する投資信託の商品は、右の4つの証券会社はすべて取り扱っていますので、どこを選んでも購入できます。

お金の智慧

12

口座開設の申し込みはたった3分 読みながら さっそく始めてみよう

5つのステップで口座を開設

証券会社を決めたら、自分の口座を開設しましょう。
パソコンやスマートフォンから手軽に申し込みができます。
証券会社の総合口座を開設する際に、NISA口座も一緒に申し込みます。
証券会社によって多少異なるものの、だいたいは次のような手順で進んでいきます。
詳しくは、各証券会社の口座開設のページで確認してください。

① 証券会社の口座開設のページを開く。自分のメールアドレスを登録し、送信する

② 確認メールが届く。そこに記載されている認証コードを入力すると、口座申し込みのページに飛ぶ。住所、氏名などの個人情報を入力する

※申し込み画面の「NISA申し込み」にチェックを入れます

③ 本人確認の書類を提出する。スマホ＋マイナンバーカード（または運転免許証）が

ある場合は、マイナンバーカードを撮影。加えて、自身の顔写真を撮影し、アップロードする

④ 提出書類の審査完了後、口座開設完了通知のメールが届く。必要事項を入力して初期設定を行う（仮開設）

⑤ 税務署での審査完了後、NISA口座の開設審査完了のメールが届く（本開設）

ここで紹介した流れは、スマホで必要書類を撮影して送信する最短の方法です。スマホがない場合や、マイナンバーカードや運転免許証以外の本人確認書類を提出する場合はパソコンからアップロードします。後日、郵送で書類が送られてきます。また、インターネットではなく、郵送で申し込むことも可能ですが、口座開設までの手続きに時間がかかります。

②の口座申し込みの際に、口座種別を選択する必要があります。

「特定口座・源泉徴収あり」「特定口座・源泉徴収なし」「一般口座」のいずれかを選び

ます。一般口座は年間取引報告書という書類を自分で作成する必要があり、手間がかかるので、**「特定口座」**を選びましょう。

源泉徴収あり・なしの違いは、確定申告を自分で行うかどうかです。

非課税のＮＩＳＡで投資をする初心者は「特定口座・源泉徴収あり」（確定申告不要）を選んでおけばよいでしょう。

ただし、特定口座（課税口座）の売買益が出た場合に、自分で確定申告をしたほうが有利なケースもあります。口座種別の選択は、あとから変更することも可能です。そのときの状況に応じて切り替えましょう。

なお、証券口座は、複数の証券会社で開くことができますが、ＮＩＳＡ口座は、１人に対して１つの金融会社でしか開設できません。

お金の智慧

13

株式投資の第一歩は新NISAで投資信託から！

投資のプロが作ったおトクなパッケージ

ところで、本書にもすでに何度が出てきた「**投資信託**」という言葉――「そもそも投資信託って何？」「株とどう違うのか？」と疑問に思った方もいるでしょう。

簡単に説明しますね。

投資信託というのは、投資家から集めたお金を一つにまとめて、投資の専門家である運用会社が、国内外の株式や債券などいくつかの銘柄に分散投資をして、その運用成果に応じて収益を投資家に分配する金融商品のことです。

投資初心者が、いきなり「今後、この会社は急成長し、株が上がるだろう」と予測するのは難しいもの。投資の専門家が判断して、バランスのいいパッケージ商品として販売されているのが投資信託なのです。しかも、自分でいろんな株を買おうとすれば、まとまったお金が必要ですが、投資信託はお小遣い程度のお金で始められます。積立なら100円から購入できるものもあります。

ですので、株式投資のハードルが高いと思う初心者は、まず投資信託から始めてみるのも良策です。

リスクの低いインデックスファンド

新NISAには「成長投資枠」と「つみたて投資枠」があると、先ほどお伝えしました。成長投資枠は、株式、投資信託、ETF、REITなど、幅広い商品が対象です。一方、つみたて投資枠の対象商品は、「長期・積立・分散」投資に適していると金融庁が認めた投資信託とETF（上場株式投資信託）のみ。全部で289本あり（2024年5月現在）、ほとんどが投資信託です。証券会社によって取り扱っている投資信託の数は異なりますが、先ほど紹介した4つのネット証券は、いずれも200本以上の商品を揃えています。

つまり、NISA口座の「つみたて投資枠」で買える投資信託は、金融庁が「しっかり分散投資されていて、長期の積立に向いている」と太鼓判を押した商品ばかりなのです。その中でも安全性が比較的高いのが、**インデックスファンド**と呼ばれるカテゴリー。

インデックスとは、市場の動向を示す指数のこと。日本の日経平均株価（日経225）や、TOPIX（東証株価指数）、アメリカのNYダウ、S&P500などが代表例。こういった指数に近い値動きを目指して作られたのがインデックスファンドです。たとえば商品名に「日経225」という言葉が入っているのは、日経平均株価指数に連動するように銘柄が構成されている投資信託ということです。

インデックスファンドは基準価額の動きが緩やかで、ドンと落ちるリスクが少ない。大儲けはできないけれど大損もしません。現在は連動する指数が上昇しているので、年10％以上で運用されている商品も珍しくありません。

インデックスに対して、**アクティブファンド**と呼ばれるカテゴリーがあります。これは指数を上回る成績を目指して、投資のプロが分析して銘柄を組み入れた商品。大きな利益を狙える反面、リスクもあり、保有している間に払い続ける手数料（信託報酬）が高いのがデメリット。長期で着実に増やすには、インデックスファンドのほうが向いています。

私の個人的な意見としては、高いリターンを狙うなら、アクティブファンドよりも、個別株を買ったほうがいいと思いますね。

お金の智慧

14

投資信託でまず買うべきは オルカンとS&P500

分散型と優良企業型の2つを買う

では、具体的にどの投資信託を買えばいいのか——。

証券会社のホームページを開くと、投資信託の銘柄がズラリと出てきます。初心者のみなさんは、似たような名前のものがたくさんあり、何を選んでいいのかと迷うと思います。

私のおすすめをご紹介します。一つは、

◎eMAXIS Slim 全世界株式（オールカントリー）

オルカンの愛称で親しまれている非常に人気が高い商品です。

オルカンは、オールカントリーの略。ＭＳＣＩオール・カントリー・ワールド・インデックスという指標に連動しているインデックスファンドです。これを買えば、文字どおり、世界中の国の株式に幅広く分散投資ができるのです。全世界株式インデックスファンドは他にもいろいろありますが、この商品は運用成績がよく、投資家からの評価も高い。イチ押しです。

もう一つは、アメリカの代表的な企業500社で構成されている株価指数「Ｓ＆Ｐ500」に連動

一番人気！『eMAXIS Slim 全世界株式』を詳しく知ろう

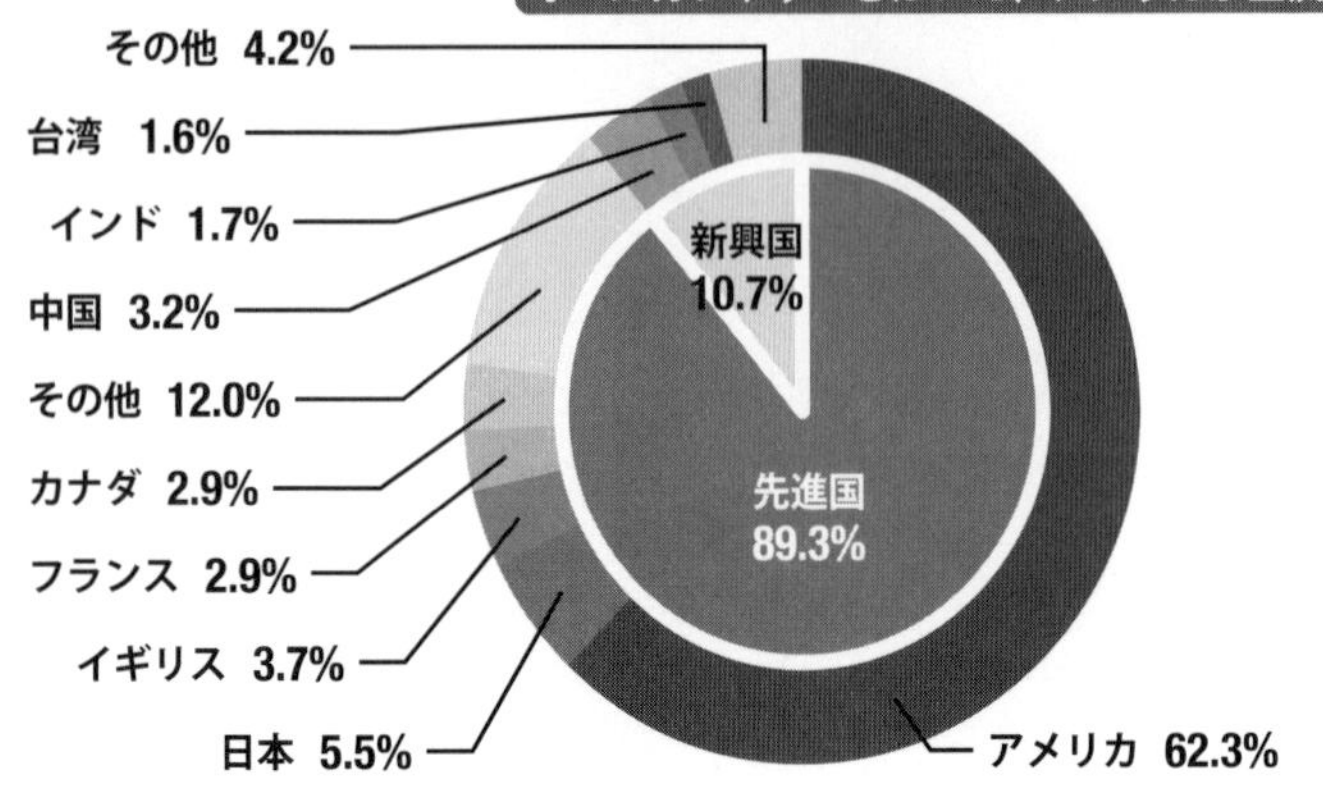

組入銘柄 TOP10 は世界的企業ばかり！

	銘柄	国	業種	組入比率
1位	マイクロソフト	アメリカ	情報技術	4.00%
2位	アップル	アメリカ	情報技術	3.40%
3位	エヌビディア	アメリカ	情報技術	3.00%
4位	アマゾン	アメリカ	一般消費財	2.30%
5位	メタ（フェイスブック）	アメリカ	コミュニケーション	1.50%
6位	アルファベット（グーグル） クラスA	アメリカ	コミュニケーション	1.20%
7位	アルファベット（グーグル） クラスC	アメリカ	コミュニケーション	1.10%
8位	イーライリリー	アメリカ	ヘルスケア	0.80%
9位	TSMC	台湾	情報技術	0.80%
10位	ブロードコム	アメリカ	情報技術	0.80%

※ 2024年3月29日現在

するインデックスファンド。これもいろんな商品が出ていますが、おすすめは、次の2商品です。

◎eMAXIS Slim 米国株式（S&P500）

◎SBI・V・インデックスファンド

どちらも、ここ数年高い利回りを維持し、この1年の利回りは48～49％。甲乙つけがたい優秀な商品です。

同じ指数を目指すインデックスファンドがたくさんある場合、選ぶ目安として、総資産額をチェックするとよいでしょう。総資産額

『SBI・V・S&P500インデックス・ファンド』

組入銘柄 TOP10 の半分以上がオルカンと重複

	銘柄	国	業種	組入比率
1位	マイクロソフト	アメリカ	情報技術	7.24%
2位	アップル	アメリカ	情報技術	5.68%
3位	エヌビディア	アメリカ	情報技術	4.98%
4位	アマゾン	アメリカ	一般消費財	3.85%
5位	アルファベット（グーグル）	アメリカ	コミュニケーション	3.83%
6位	メタ	アメリカ	コミュニケーション	2.68%
7位	バークシャー・ハサウェイ	アメリカ	金融	1.74%
8位	イーライリリー	アメリカ	ヘルスケア	1.43%
9位	ブロードコム	アメリカ	情報技術	1.35%
10位	JP モルガン	アメリカ	金融	1.31%

※ 2024年3月29日現在

は基準価額と購入者数が増えると高くなるので、それだけ人気があり、安定的な運用が見込めると考えられます。

また、信託報酬も商品によって多少差があります。手数料なので、低い方がいいです。

株式市場はアメリカ一強

「eMAXIS Slim 全世界株式」は、先進国、新興国も含む世界約50か国、約2800銘柄を組み入れた、バランスのいいインデックスファンドです。

しかし、中身を見てみると、全体の6割以上をアメリカの銘柄が占めています。

組み入れ比率の高いトップ10のうち、9銘柄がアメリカの会社です。マイクロソフト、アップル、エヌビディア、アマゾン…と上位を占める銘柄は、「SBI・V・S&P500」の上位銘柄とほぼ一緒。

つまり、オールカントリーとはいえ、かなりアメリカ色が強いわけです。というのも、現在、世界の時価総額の約5割をアメリカが占めています。アメリカの株式市場の動向が世界に及ぼす影響は大きいのです。

ここ数年はアメリカが堅調なので、S＆P500のインデックスファンドの運用成績が非常によく、オルカンよりも優位です。ただオルカンは米国株が下落したときのリスクを最小限に抑えられるように構成されています。

ですので、オルカンとS＆P500、2つの商品を保有するほうが、リスクヘッジになります。

とはいえ、2商品とも、アメリカ市場に左右されるのは間違いありません。

それにしても、**これらのインデックスファンドを買うことで、マイクロソフト、アップル……と名だたる企業の株を全て手に入れることができるのです。**それもわずか千円、1万円で買える。これも投資信託の魅力だといえます。

お金の智慧

15

毎月の積立を設定してしまえば
あとは一喜一憂せず
ほったらかしに

"長期""複利"がカギ！

どの投資信託を買うかを決めたら、NISA口座の「つみたて投資枠」で、毎月の積立金額を設定しましょう。

最初は1万円から。もちろん人それぞれです。余力資金がある人は3万円、5万円から始めてもいいですよ。家計に負担がかからないように無理のない金額から始めて、余裕ができたら投資額を増やしていくことも考えるとよいでしょう。

毎月の積立金額と積立日を設定して申し込めば、自動的に買い付けが行われます。あとはほうっておくだけ。何もする必要はありません。

そもそも、NISAの「つみたて投資枠」で買える投資信託は、「長期・積立・分散」投資に適した投資信託、と金融庁に認められた商品です。

ほったらかしにして、10年、20年……と長く保有するほうが有利なのです。

その効果は、58ページのグラフをもう一度見ていただければ明らか。

毎月同じ金額を積み立てているのに、**20年、30年と時を経るほど運用収益が大きく伸びています。**これは複利による効果です。

たとえば年間10万円投資をして、3％の利回りで運用したとします。複利の場合、元本に運用利益が加わって、2年目は10万3000円に3％の利子がつく。3年目は10万6090円に3％の利子がつく。こうして雪だるま式に増えていくのです。

実際は、投資の場合、預金と違って利回りは確約されたものではないので、たとえば10％増える年もあれば、2％減る年もあったりして、これと同じグラフにはなりません。


ですが、投資によって得た運用利益を元本に組み入れて再投資をし、元本を少しずつ大きくしていく。この複利の雪だるま効果は同じです。

ただし、投資信託の中には、定期的に分配金が支払われるタイプの商品もあります。その場合は複利効果を得られません。「分配金受取型」と「再投資型」を選択できる場合は、再投資型を選べば、複利効果を得られます。

ほったらかして、お金に働いてもらう

先ほど述べたように、投資信託は、投資先を分散することで、リスクを回避しています。加えて、一括ではなく「積立」投資をすることで、買う〝時期〟を分散させ、タイミングによるリスクを減らすことができるのです。

投資には必ずアップダウンがあり、下落することも起こり得ます。積立で投資信託を買う場合は、ドルコスト平均法が適用されています。簡単にいうと、基準価額が高いときも低いときも、機械的に一定の金額ずつ買い付けます。仮に毎月1万円ずつ投資する場合。基準価額が1万円のときは1口買えるとします。2万円に上がると0.5口しか買えません。基準価額が5000円になれば2口買えます。

つまり基準価額が落ちても、口数をたくさん買えるので、下落によるリスクを抑えることができるのです。基準価額が下落したときは、安く買えて口数を増やすチャンスでもあるわけです。

積立投資で資産を増やすコツは、継続すること。上がった、下がったと一喜一憂せず、ほったらかしにしておくのが一番(笑)。複利効果は時間をかければかけるほど大きくなります。時間を味方につけて、お金に働いてもらって資産を増やしましょう。

お金の智慧

16

究極のほったらかし！ 進化しているロボアド投資

買い付けから運用、売却までロボットにおまかせ

長期運用の積立投資の場合は、ほったらかしが一番、と先ほどお話ししました。

ここ数年、注目を浴びているロボアドは、究極のほったらかし投資といえます。

ロボアドとはロボットアドバイザーの略。AI（人工知能）を活用して、その人に合った投資商品を見つけて、運用も行う、全自動の資産運用サービスです。

ロボアドの最大手「ウェルスナビ」を例に説明しましょう。最初に、年齢、収入、金融資産、毎月の積立額、資産運用の目的、株価が1か月で20％下落したらどうしますか？というアンケートに答えると、個々人の条件やリスク許容度に応じたポートフォリオ（資産構成）を組んで、運用してくれるのです。

実はロボアドは、とても優秀！

次ページのグラフは、実際にロボアドが行なった運用成果です。期間は2016年1月から2024年3月まで。初回に100万円投資して、毎月3万円ずつを積み立てたケースです。約8年間で、これまで預けた元本の約1.7倍も増えています。

しかも2020年にはコロナショックがありました。そのときはやや元本割れしていますが、すぐに持ち直して上昇しています。恐らく、ポートフォリオの見直しをして、資

産を再配分したと思われます。人工知能だからこそ、暴落したときでも感情的にならず、データを元に分析して淡々と対処していくことができるわけです。

手数料は、ウェルスナビの場合、買い付けから売却まですべてを任せするコースだと、預かり資金の1.1%。積み立ては1万円から始められ、新NISAにも対応しています。

投資をしたいけど、忙しくて時間がない、自分で投資信託を選ぶのは面倒、自信がない、という人は、最初の一歩としてロボアドを使ってみるのも一案です。

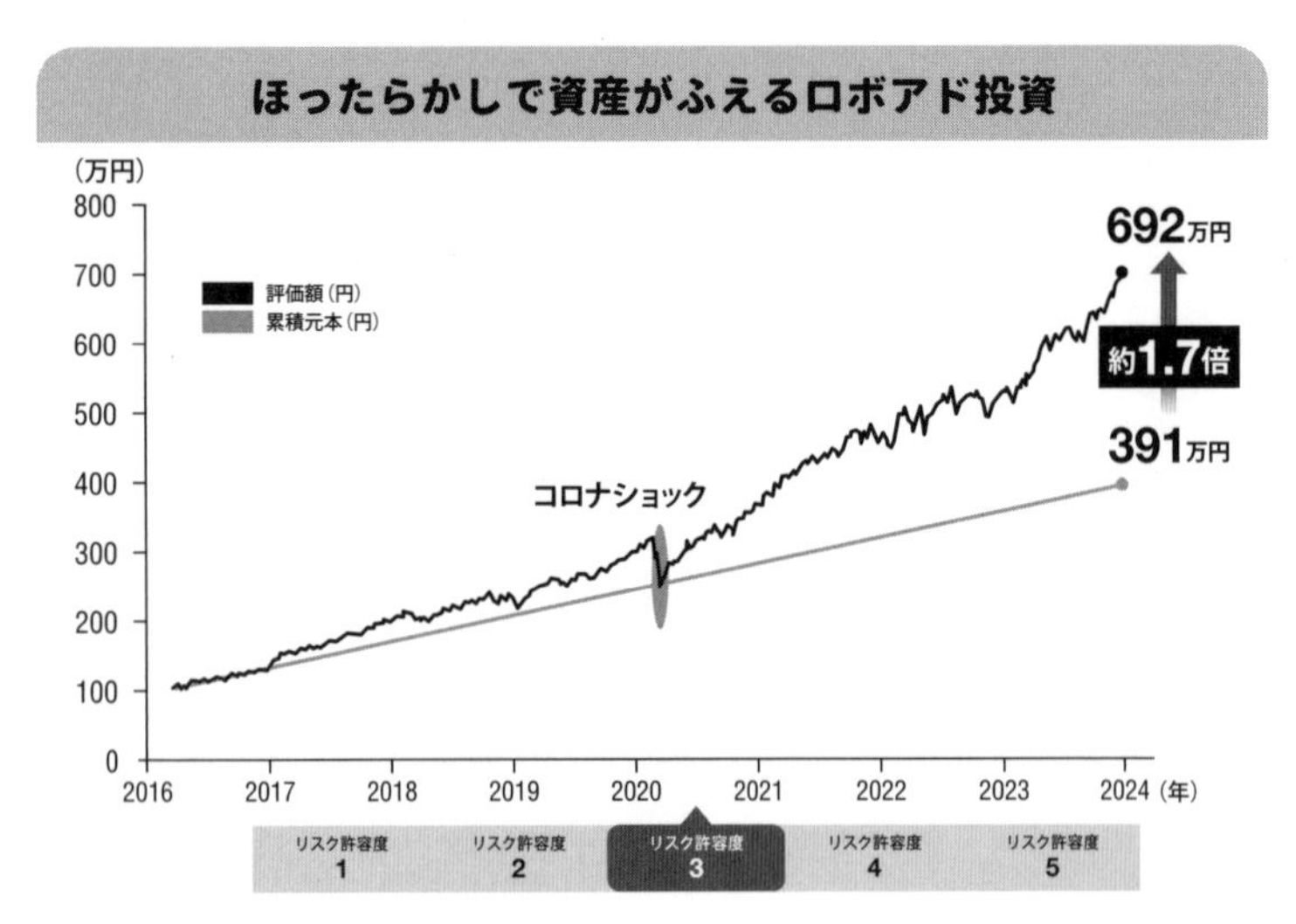

ウエルスナビHPを元に作成。リスク許容度3のケース

Part 4

次のチャレンジ！個別株を買ってみよう

お金の智慧

17

株価上昇を期待するだけじゃなく 配当利回り、株主優待もチェック

株には3つの楽しみがある

株式投資は、基本的なことさえおさえておけば、決して難しいものでも怖いものでもありません。

パッケージ化された投資信託よりも少しリスク許容度を上げて、個別株に挑戦してみると、投資の世界は大きく広がります。

いわゆる株を買うというのは、企業が発行する有価証券（株式）を買うこと。企業は投資家に株式を売って資金を募っているのです。

株を買うことは、その企業の株主になることです。

今や2万円以下で買える優良株もあり、総じて購入価格は下がっていますので、誰でも気軽に株主になることができます。

株主になると、3つの楽しみがあります。

一つは、**キャピタルゲイン**。資産の売却によって得られる利益のことです。株価が買ったときよりも高くなったときに売れば、売却益を得ることができます。

たとえば100万円で買った株が、150万円に上昇して売った場合、その差額の50万円が売却益です。

株価が上がったときの旨味が大きい、株式投資の主要な利益です。

2つ目は、**インカムゲイン**。資産を保有しているだけで定期的に得られる利益のこと。株式投資におけるインカムゲインは配当金です。

配当金とは、企業が経済活動で生み出した利益の一部を株主に還元するために支払われるお金のことで、保有数に応じて分配されます。

たとえば1株あたり10円の配当の場合、100株を保有している人の配当金は1000円。300株を保有している人は3000円。

ちなみに、株の売買単位は100株（1単元）に統一されています。証券会社のホームページなどで上場企業の株価を調べることができます。表示されている株価は1株の価格なので、それに100をかけた金額が基本購入価格です。

インカムゲインの旨味は、定期的に配当金が得られる点。株を保有していれば入ってくるので、たとえ少額でも、長期的に見ればかなりの収益になることもあります。

なお、配当金は、年1回、もしくは年2回出す企業がほとんど。

ただし、配当金は、会社が生み出した利益に左右され、一定の金額や利回りで受け取れるものではありません。業績が悪く、配当金を還元できない企業もありますし、業績に関係なく、配当金を還元していない企業もあります。

3つめのお楽しみは**株主優待**。これもインカムゲインの一つで、保有しているともらえるものです。各企業の自社製品のほか、小売業であれば買い物券や食品、航空・鉄道会社であれば乗車券の割引など、さまざまな優待があります。

基本的には100株保有していれば、優待が受けられる企業が多いですが、中には、500株以上とか、保有期間が3年以上など、保有数や年数の条件は企業によって異なります。

そのため、かなり高いお金を投資しないと優待を受けられないケースもあります。優待のために自分の資産を切り崩すことは本末転倒。

優待は、株投資の〝おまけ〟ぐらいに思っておいたほうがいいでしょう。

株主優待を行っていない企業もありますし、廃止する企業もあります。

これは必ずしも株主にとってマイナス材料ではありません。優待を廃止することで、企業はそのコストを減らすことができ、経営効率を高めるきっかけにもなります。それによって経営状態がよくなれば、配当金の増加などに還元され、結果的に、株主にとってトクになるケースも多々あります。

売却益、配当金、株主優待、この3つの利益を得られる可能性があるのは、銀行の預金や投資信託にはない、株投資ならではの楽しみです。

たとえばマクドナルドの株を保有していて、株価が下落したとします。それでも、株主優待でマクドナルドの食事券がもらえるし、配当金も出るので、売らずに保有していたら、いつのまにか株価が上昇していた！　といったことも実際よくあります。

配当利回りにダマされるな

マネー雑誌やネットのサイトで目にする「配当利回りランキング」。

配当金でコツコツ稼ぎたいという人は、高配当の銘柄に惹きつけられるようです。銀行の預金金利も投資信託の利回りも高いほうがいいですから、株の配当利回りも高いほうがいいと飛びついてしまうのでしょう。

でも、これにはちょっと注意が必要です。

そもそも配当利回りとは、購入した株に対して年間でどのくらい配当金が支払われるかを示す指標です。あくまでも予想配当利回り。確定ではなく修正されることもあります。


配当利回りの計算式は、1株あたりの予想配当金（年間）÷株価×100（%）。

株価が10000円で配当金が200円の場合、配当利回りは2%になります。

株価は刻々と変動します。株価（分母）が下がると、配当利回りは高くなります。


たとえば株価が5000円になったら、配当利回りは4%になります。つまり業績が悪化して株価が下がっているのに、配当利回りは高い、というケースもあるのです。そうなると近い将来、配当金を減らしたり、出なかったりすることも起こり得ます。

ですから、配当利回りだけで判断するのはリスクがあります。


せめてここ2、3年の、その会社の株価の値動き、売上高や営業利益などをチェックして判断することが大事です。

お金の智慧

18

大きなリターンを期待できるのが個別株

（リスクも忘れずに）

証券会社のホームページを開いて個別株を注文してみよう

ＰＡＲＴ１でお伝えしたように、ユニクロのファーストリテイリングやニトリのように年月をかけて株価が何十倍にも跳ね上がる銘柄もあれば、近年の半導体関連銘柄のように、ここ1～2年で数倍に上昇する銘柄もあります。

こうした大きなリターンを期待できるのが、株の魅力です。

一方で、購入した個別株が暴落するリスクもあります。

いかに損失を抑えるか、というリスク管理も株投資には大事です。

最大のリスク管理法が「**損切り**」です。

購入価格より株価が下がってきたとき、売るタイミングを外すと、どんどん下落していき、半額以下になることだってあります。そうなる前に、損失額が少ないうちに株を売却することを損切りと言います。

ここでは、実際にネットで株の取引を始める際に、知っておきたい事柄と用語について説明しましょう。

注文の種類と注文の仕方

【現物買】【信用取引】 銘柄を選んで、株を買う際に、「現物買」「信用買」という選択肢が出てきます。「現物買」とは自分の資産で行う取引のこと。信用取引についてはのちほど解説しますが、審査が必要ですので、「現物買」を選びます。

「指値（さしね）」「成行（なりゆき）」 注文方法には2種類あります。［指値］は、「株価が○○○円になったら買う」という価格を指定する方法です。［成行］は価格を指定せず、買う注文方法。主に即座に買いたいという場合に使います。

【逆指値】 通常は、株価が低いときに買って、高いときに売るのがいいのですが、逆の指値を示す注文方法です。買うときは「株価が○○○円以上になったら買う」、売るときは、「株価が○○○円以下になったら売る」といった注文を出す場合です。損切りのときなどに使われます。

注文の際、注文を執行するときの条件をつけることができます。次のような選択肢があります。

【寄付】【引け】

株式の取引は、午前中（9時〜11時半）に行われる「前場」と、午後（12時半〜15時）に行われる「後場」に分かれています。それぞれの最初の取引を「寄付」、最終の取引を「引け」と呼びます。特に後場の最終売買を「大引け」と呼びます。

【寄付】は、前場の寄付9時、または、後場の寄付12時半のみで執行される注文。

【引け】は、前場の引け11時半、または、後場の引け15時のみで執行される注文

【不成】指値注文をして、指値で買いが成立しなかった場合（未約定）、引け時に成行注文が執行されます。

なお、通常、株で得た利益には20．315％課税されます。株を注文するときに「NISA口座」を選べば非課税になります。株式はNISAの「成長投資枠」で購入することになり、年間投資額の上限は240万円まで。最大1200万円まで、つみたて投資枠と合わせて1800万円まで非課税で運用できます。

お金の智慧

19

長期間、連続増配をしていれば「優良企業」と考えてもOK

中・長期投資は低リスクの安定した企業を選ぶ

定期的に配当金を受け取ってコツコツ稼ぐのは、ほったらかし投資の王道ともいえます。ただし株式投資は、銀行などの預貯金と違って、利益が確約されていませんし、配当金も必ず支払われるとは限りません。

そこで注目したいのが、安定した業績を保ち、連続して配当金を出している企業。その目安になるのが、日本経済新聞社が２０２３年6月から公表を開始した「連続増配株指数」と「累進高配当株指数」です。この2つは、国内証券取引所に上場する企業の「配当」に着目した株価指数です。

「連続増配株指数」は、増配（前期よりも配当金を増やすこと）を原則10年以上続ける企業のうち、その年数の上位から70銘柄を上限に選んで指数を算出しています。

もう一方の「累進高配当株指数」は、連続して増配、または減配（前期よりも配当金を減らすこと）をせず配当水準を維持している企業の中から、予想配当利回りの高い順に30銘柄を選んで指数を算出しています。

今後、毎年6月に構成銘柄の入れ替えが行われます。

連続増配も、累進高配当も、20年以上続けられる企業というのは、リーマンショック、東日本大震災、コロナショックのときも増配、または配当額を維持していたわけです。

33年増配の花王、41年累進高配当の武田薬品工業にいたっては、バブル崩壊後の不況も乗り切ったということです。

会社の業績が悪くなれば減配が避けられないこともあるでしょう。日本経済がボトムのときも配当金を減らすことなく増配することができたというのは、安定した利益を上げている優良企業であるという証明でもあります。

やはり中・長期で株を保有する場合は、下落のリスクが少ない、優良企業の株がおすすめ。

配当を10年以上連続で増やしている銘柄

(表では20年以上の銘柄を抜粋。日経連続配当株指数より)

銘柄	年数	銘柄	年数
花王	33年	トランコム	22年
SPK	25年	KDDI	21年
三菱HCキャピタル	24年	沖縄セルラー電話	21年
リコーユース	23年	サンドラッグ	21年
ユー・エス・エス	33年	リンナイ	21年
小林製薬	25年	ユニ・チャーム	21年

「連続増配株指数」と「累進高配当株指数」の構成銘柄に採用された企業以外にも、味の素、三井物産、丸紅、ニッコンホールディングス、いちご、兼松、青山商事、三菱地所、平和堂、マツキヨコカラ&カンパニーなど多くの企業が続々と「累進配当」を発表しています。

企業によって期間は異なりますが、この先の数年間は、利益成長にあわせて配当金を増やします、もしくは、減配せずに配当水準を維持します、と宣言しているのです。

このように積極的に株主還元を行う企業は増えていますので、注目していきましょう。

配当を10年以上減配していない銘柄

（表では15年以上の銘柄を抜粋。日経累進高配当株指数より）

銘柄	年数	銘柄	年数
武田薬品工業	41年	エクシオグループ	18年
三菱 HC キャピタル	31年	山口フィナンシャルグループ	16年
住友精化	27年	ふくおかフィナンシャルグループ	15年
LIXIL	25年	三菱UFJフィナンシャル・グループ	15年
日本カーボン	19年		

お金の智慧

NTTなど安定株への積立投資は「銀行預金」代わりに

月2万円から始める株式積立

東証プライム市場の上場銘柄の予想平均配当利回りは約２％です（２０２４年5月時点）。

何度も繰り返しますが、銀行に預けても、年利は普通預金では0.02％ほど。

銀行に預けるよりも、株価が安定している優良企業の株を買って配当金をもらうほうが、利益を多く上げることができます。

そこで、おすすめしたいのが、銀行の積立預金のように、株を毎月コツコツ買って積み立てていくという方法。

一つ例を挙げます。

みなさん、今、ＮＴＴの株価がいくらかご存知ですか？

50代以上の人なら、記憶にあるでしょう。１９８７年にＮＴＴが株式公開したとき、買いが殺到し、初値160万円から2か月足らずで300万円まで高騰しました。そのイメージがあるからか、未だにＮＴＴの株は高いと思い込んでいる人が少なくないようです。

その後、大幅な株式分割が行われたこともあって、２０２４年5月時点のＮＴＴの株価は、なんと160円ほどです。

１単元（100株）、２万円以下で買えるのです。配当利回りは、3.42％。約３％の配当がつきます。

そこで、ＮＴＴの株を毎月購入するとします。本来は株数で購入するので、価格は変動しますが、ざっくりと、毎月２万円として概算します。

毎月２万円の積立をして、年間24万円。配当利回り３％として、１年で７２００円の配当金を得られます。

銀行で２万円の積立預金をした場合、金利0.02％で計算すると利子はたった48円。

銀行で積立預金をする代わりに、ＮＴＴの株を毎月買う。このほうが優位性があります。

ＮＴＴは、コロナショックのときもあまり下落せず、外出自粛要請もあって、むしろ通

信の需要が増えて株価も上昇しました。世の中の通信環境の変化に対応する組織力もあるので、今後も株価が大きく下がる可能性は低いと考えられます。もし下がっても、持ち続ければ配当分はプラスになっていきます。

ＮＴＴの他にも、連続増配や累進高配当の安定した企業の中から、購入価格が低い銘柄を探してみるとよいでしょう。

こうして株を毎月積立する方法であれば、手元の資金がそれほどなくても始められますし、継続することで資産が増えます。また、一括で購入するよりも、買うタイミングを分散することで株価が下がったときのリスクも抑えられます。

現在、楽天証券の「かぶつみ®」など、国内株式を毎月積み立てる自動サービスを行っている証券会社もあります。

自動サービスがないネット証券の場合は、たとえば給料日の25日など購入する日にちを決めて、毎月買い付け注文をします。

お金の智慧

21

「買い」のヒントは身の回りに！
「アリの視点」で株選びを

行列の店を見つけたら運営会社を調べる

どの会社の株式を買うか、銘柄選びは株式投資の楽しみでもありますが、お金を投じるわけですから、迷うのは当然です。現在、上場している会社数は約3900社にのぼります。その中から、業績のいい会社、成長していく会社を見極めるのは、一朝一夕にできることではありません。

では、何を手掛かりに選べばいいのでしょう。

銘柄選びのヒントは、実は身近なところにあります。

たとえば街に出たら、行列ができている店がある、何を売っているのか、と、ちょっと関心を寄せてみましょう。日々のリサーチから、投資の対象が見えてくることがあります。あなたのアンテナに引っかかった、行列の店や人気の物。その店を運営する会社や物を作っている会社を調べてみるのです。

具体例を挙げましょう。訪日外国人客数が過去最高を記録し、ラーメン店は外国人旅行者で賑わっています。中でも、埼玉や千葉に多くの店舗を出している「ラーメン山岡家」のことが気になって、調べてみました。

運営会社は丸千代山岡家。１９８８年に茨城県牛久市に1号店を出し、その後、北海道に出店して成功。２００６年にジャスダックに上場した当時は全国77店舗でしたが、どんどん店舗を増やし、２０２４年時点で185店舗を展開しています。利益も拡大し、株価も上昇。現在の株価は約３０００円（２０２４年5月）。この1年で約3倍も伸びています。

また、最近は小麦粉を原料とする食品の値上がりが止まりません。とはいえ、コロナ以降、冷凍食品やインスタント麺、カップ麺を買う機会が増えました。災害時の備蓄食としても必需。値上げしても小麦粉の需要はむしろ高まっているように感じます。製粉会社の大手、日清製粉やニップンの株価をチェックすると、やはりここ1、2年、上昇しています。原料が高騰しても、製品も値上げするため、企業の売り上げは伸びているのです。それが株価にも反映されているのでしょう。

自分が働く業界から宝を探す

スーパーに行ったら、どこのメーカーの食品やお菓子が棚の占有率が高いか？
よく使うスマホのアプリはどこが開発しているか？

そんな身近なところに、ヒントはたくさん隠されています。

会社員のみなさんなら、あなたが働く業界や、関連する業界に目を向けるといいでしょう。「あの会社は社員が生き生き働いているし、儲かっていそうだ」とか、よく知る業界だからこそ感じるものがあるはず。

取引先で「景気はどうですか」と世間話から探ることもできます。株投資の初心者が、まったく知らない業界の企業を選ぶのは難しいもの。まずは自分の足元から投資対象を見つけることをおすすめします。

もし自分が勤めている会社が、働き甲斐があり、成長しそうだと感じたら、自社の株を買う、というのも一案です。自分の会社なら、財務から内部の状況まで把握できるはず。成長するかどうかの判断もしやすいでしょう。灯台もと暗し。案外、足元に宝があるかもしれません。

お金の智慧

22

「タカの視点」で国策をチェック「人気になる」株を予測する

国が予算をつぎ込む分野は伸びる

足元に目を向けるアリの視点と、空中から世の中を俯瞰するタカの視点。株式投資をするうえで意識していただきたいのが、この2つの視点です。

「国策（政策）に売りなし」という投資の格言があります。

国の政策に合致する銘柄は「売るな、むしろ買うべき」という意味です。

国の政策で予算を割かれた分野や事業に関連する企業は、政策実現に向けて国が推進するため、その追い風を受けて業績が上がる可能性が高いのです。

国が何にお金を使うかは、国家予算を見ればわかります。

財務省のホームページに記載されていますから、まずは開いてみてください。

政策一覧の中から「予算・決算」を選びクリックします。続いて「予算」→「令和6年度予算」→「政府案　令和6年度予算政府案」と進んでいくと、「令和6年度予算のポイント」が表示されます。

予算のポイントを見ると、「医療・福祉分野の賃上げ姿勢」「デジタル田園都市国家構想の戦略」「児童手当の拡充、高等教育費の負担軽減」「官民のGX投資を支援」「防衛力を着実に強化」といった言葉が並び、その概要が記されています。各項目の予算額の前年度との増減もわかります。

次に、経済産業省のホームページを開いてみましょう。トップに「注目ワード」という項目があり、たとえば「ＡＬＰＳ処理水って何？」というキーワードがあります。経産省が力を入れている政策がわかります。

財務省ページと同じ要領で、予算の概要のページを開くと、どのような事案にいくらの予算がついたのか、前年度の予算との比較や、補正予算もチェックできます。

「デジタル社会の実現・生成ＡＩへの対応」、「経済安全保障の実現」「スタートアップ育成・新陳代謝の促進」（例・宇宙戦略基金の創設）などの予算が増えています。

予算の概要がわかっても、「じゃあこの分野、この企業が伸びるだろう」と結びつけて考えることは、なかなか難しいと思います。特に初心者はピンとこないかもしれません。

私が予算を見て注目するのは、やはり半導体関連。予算にも「デジタル社会の実現、生成ＡＩへの対応」といった言葉が並んでいます。それらを支えるのが半導体技術ですから。

それに伴い、電力の需要も増大すると見込まれます。熊本のＴＳＭＣに続いて、北海道千歳市にも半導体の工場「ラピダス」を建設中です。大規模な半導体工場は電力を大量に消費します。加えて、生成ＡＩの普及によって今後、電気消費量は大幅に増える可能性がある。ですので、電力会社や、省電力の技術開発を行う企業にも注目しています。

また、国際情勢もあり、防衛費は年々膨らんでいます。三菱重工、川崎重工など防衛関連銘柄もこの１年で急上昇しています。

国の予算を知ることは、長い目で見て、こんな銘柄が伸びるのではないか、という予測に役立つもの。たとえば宇宙に関する探査やロケット開発に国の予算が組み込まれていますが、数年先にはそれが実施され、株価に影響を及ぼすと予測できます。

財務省HPのココをチェック！

- 「予算・決算」➡「予算」➡「令和◯年度予算」➡「政府案　令和◯年度予算政府案」➡**「令和◯年度予算のポイント」**

経済産業省HPのココをチェック！

- 「注目ワード」
- 「政策について」➡「予算・財投→予算→令和◯年度予算」➡「令和◯年度経済産業省関連予算等の概要➡**経済産業省関係令和◯年度予算のポイント」**

お金の智慧

買う前に「業績」と「株価」を調べて「割安度」を比較しよう

最低限、売上高と営業利益をチェックしよう

銘柄を選んだら、その企業の業績を調べて、投資をするかどうか判断しましょう。

そもそも株価というのは、企業の利益が増えているという事実や、今後、利益が上がるだろうという期待によって上昇します。事実を知るためには、企業の業績をチェックすることが第一なのです。まずは最低限、売上高と営業利益が伸びているかを確認しましょう。

なお、利益にはいろんな種類があるので簡単に説明します。「**営業利益**」は本業の儲け。「**経常利益**」は運用損益など本業以外の損益も加算した数字です。「**当期純利益**」は法人事業税などの税金を差し引いた、１会計年度の最終的な利益のこと。これが、株主に支払う配当の原資になります。

ネット証券のホームページや、「カブタン」などのサイトで、銘柄を検索すれば、その企業の業績を見ることができます。カブタンの場合、過去3年の売上高と営業利益がわかり、四半期ごとの数字も見比べることができます。より詳しく知るには、四季報や、各企業の決算短信、月次報告を見るとよいでしょう。

業績を見ると、その企業の現状がわかります。たとえばテレビＣＭを流している景気

がよさそうな会社でも、業績を調べてみると、売上高も営業利益も落ちていたり、あるいは、売上高は上がっているけれど営業利益はマイナスになっていたり、ということもあります。

もう一つ、株式投資をするならばチェックしてほしいのが、時価総額。その企業の規模を表わす重要な指標です。計算式は、その時点の株価×発行済株式数。

つまり、時価総額が多い企業は、株の発行数も取引量も多い。それだけ経営が安定し、信頼度が高いということです。ちなみに現在、日本企業の時価総額トップはトヨタ。58・75兆円です(2024年5月現在)。

売上高、営業利益、時価総額など企業の経済状態を知っておくことは、株式投資をするうえでの基礎だと私は思います。何事も基礎をおざなりにすると、うまくいきませんよね。投資も同じです。

今が割安！買いどきの判断は？

次に、買うタイミングについてお話ししましょう。「安く買って高く売る」は売買の基本です。

現在の株価が、その企業の資産や業績に対して割安か割高か、という指標になるのが、

PBR（株価純資産倍率）と**PER（株価収益数）**。業績をチェックする際に、この2つの指標も見ておくとよいでしょう。

PBRは、株価÷1株あたり純資産、で計算されます。株価が、純資産の何倍か？がわかり、1～1.5ぐらいであれば、企業の価値が適切に評価されていると判断されます。1を下回っていると、株価が純資産に比べて低く評価されているということ。つまり買う側にとっては、割安です。

PERは、株価÷1株あたり純利益、で計算されます。株価が、利益に比べて割高か割安かを判断します。一般的には、PER20倍以下が割安の目安です。

ただし、今後、成長が期待される企業は、PBRが高くなり、銀行系など昔からある業種は低い傾向があります。また、業績が悪くてPBR、PERが低い場合も。そもそもの業績が悪ければ、割安とは言えません。逆に、オリエンタルランドやファーストリテイリングなど人気銘柄は株価が上昇して、いつまで待ってもPBR、PERは低くならないでしょう。〝割安〟に捉われすぎないで、あくまでも業績を重視してください。

お金の智慧

24

株価チャートで売買のタイミングをつかもう

ローソク足の見方

株の買いどき、売りどきを判断する手法に、テクニカルチャートがあります。

主にデイトレードなど短期の売買のタイミングを計るために使われますが、一定期間の株の値動きや相場の方向性を分析するうえで役立つものです。

長期のほったらかし投資では、頻繁にチェックする必要はないですが、チャートの見方の基本だけでも知っておきましょう。

ローソク足と呼ばれる箱のようなものが株価の値動きを示しています。ローソク足には、集計の単位によって日足、週足、月足などがあります。

トヨタ自動車の株価チャート（週足）

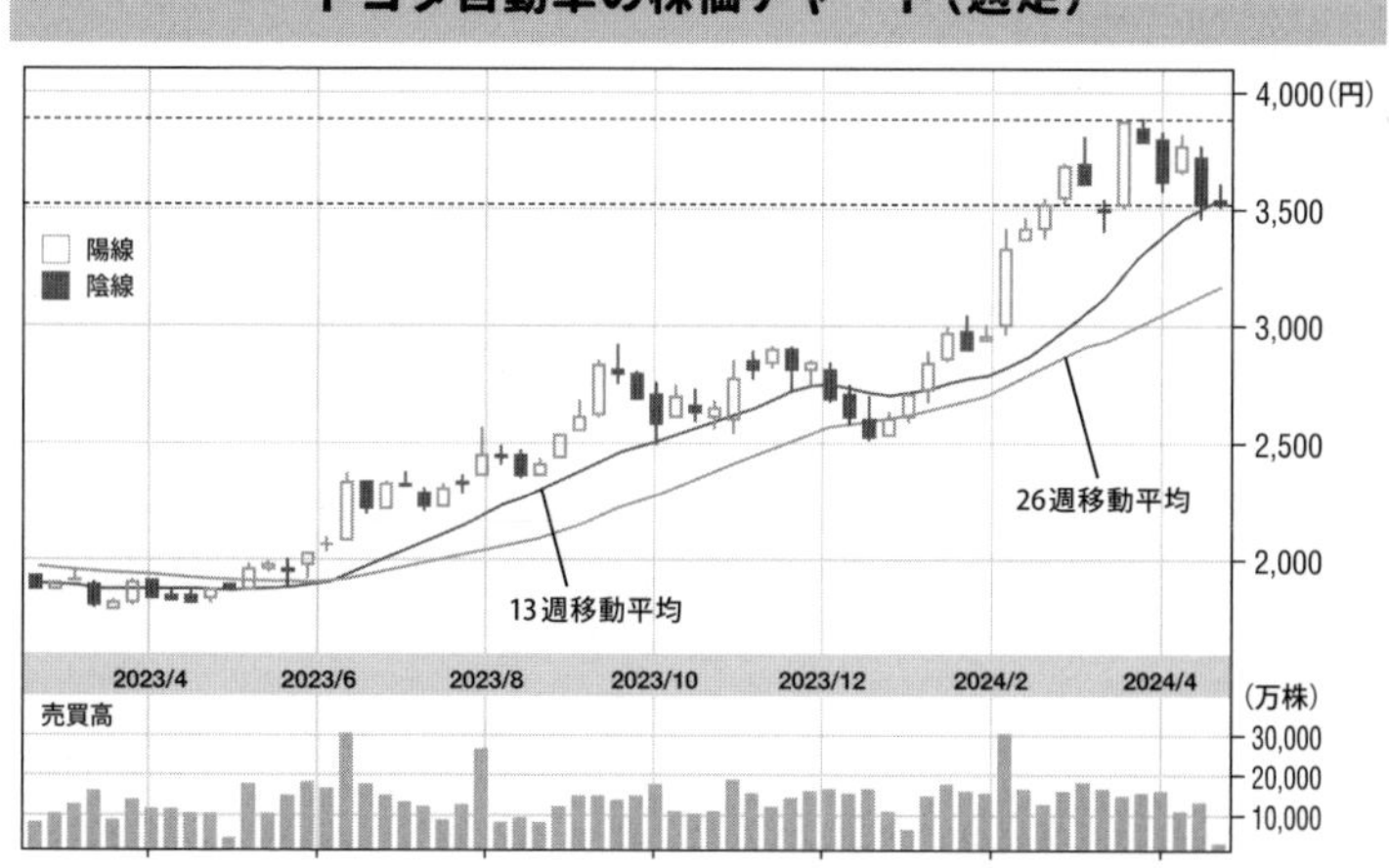

週足を例にとると、その週の最初についた株価「始値」、最も高い「高値」、最も低い「安値」、金曜日の引け値が「終値」、4つの動きを示した図形がローソク足です。

始値より終値が高いと陽線（白い箱）、低いと陰線（黒い箱）になり、高値まで伸びる線を上ヒゲ、安値まで伸びる線を下ヒゲと呼びます。

基本は、陽線が株価の上昇、陰線が下落を表わします。

大陽線——箱が長い陽線は、買いの勢いが続くことを示唆。下げ相場での出現は上昇への転換点のサイン。

大陰線——箱が長い陰線は、売りの勢いが続くことを示唆。

下影陽線——下ヒゲが長く、箱が上方にある

陽線は、買いが強まる可能性を示唆。下げ相場での出現は上昇への転換点のサイン。

上影陰線――上ヒゲが長く、箱が下方にある陰線は、売りの勢いが強くなったことを示唆。上げ相場で出現すると下落への転換点のサイン。

十字線――始値と終値が同値で、ローソクがない十字線。相場の転換点になりやすい。

チャートに描かれた折れ線グラフは、「移動平均線」と呼ばれます。一定期間の終値の平均値を結んでいて、線が上向きなら上昇トレンド、下向きなら下落トレンド、と相場の動きを一目で読み取ることができます。

上昇トレンドで株価が移動平均線より上に行けば、株価が下がりにくいと判断でき、買いを検討してもいいかもしれません。

チャートに描かれているのは、過去から現在までの値動きですが、重要なのは、それを観察して、今後どう値が動くかという先の展開を読むこと。株式投資というのは、未来を予測することが大切なのです。だからチャートを読むのも奥が深く、経験が必要です。

お金の智慧

25

出来高はその株の「人気度」を表している

活況のバロメーター

117ページのローソクチャートを見ると、その下に「出来高」（売買高）が棒グラフで表示されています。これもとても重要な指標です。

出来高とは一定の期間内に売買が成立した株数のことで、売買高とも呼ばれます。たとえば、A社の株に1000株の買い注文があり 1000株の売り注文が出されて売買が成立した場合、出来高は1000株となります。

出来高が多いほど、売買の注文をした人が多く、取引が活発に行われているということです。

つまり出来高は、その銘柄の人気度を表わしているといえます。

逆に出来高が少ない銘柄は、人気がなく、売買があまり行われていないということです。極端に売買が少なくなると、思い通りの取引が成立しない可能性があります。買いたいときに買えない、売りたいときに売れなかったり、成行注文をしたら想定よりも安値、高値で取引が成立してしまったり、といったことが起こり得ます。特に初心者は出来高の少ない銘柄は避けたほうが無難です。

なお、ネット証券やカブタンなどのサイトには「出来高」とともに「売買代金」が載っています。売買代金は、一定期間内に売買が成立した総額を示します。株価×出来高で算出されます。

人気が出ると株価が上がる

出来高は株価に先行するとも言われています。

先ほどの株価の動きを示すローソク足チャートと出来高の棒グラフを一緒に見ていくと、出来高が突出しているときは、株価も大きく上がる傾向があります。

ちまたで人気の商品があると、みなさん、自分も欲しくなって買うことがありますよね？株式市場でも同じ現象が起こるのです。銘柄の人気が上がると、投資家の買い需要が高まります。需要が多ければ株価は上がります。

出来高と株価の値動きを見ていくと、株価の予測に役立ちます。

一般的には、株価が上昇トレンドのときは、その銘柄の注目度が上がり、出来高が増加傾向となります。株価の下降トレンドでは、出来高は減少傾向となります。

下降トレンドのときに、出来高が急激に増えると、そこが株価の下げ止まり（底打ち）になる可能性があります。ただし、その後も株価が下落して、結局下げ止まりにならないケースもあるので注意が必要です。

逆に、相場が上昇し続けているときに、出来高が突出して高くなると、そこが高止まりとなり、下落する傾向があります。

ただし、ローソク足チャートや出来高による分析は、あくまでも傾向です。その通りに株価が動くとは限りません。

お金の智慧

26

迷いがちな売り時は設定しておき「ほったらかし」に

損切りラインを決めて売り注文を自動設定

株式投資で最も大切で、最も難しいのが、損をいかに抑えるか、というリスク管理です。

買った株が下落したとき、「そのうち上がるだろう」と、なかなか売る決断をできないのが人間心理です。もちろん、株価が下がっても配当金や株式優待で利益が得られて、キャピタルゲインのマイナス分を補えれば問題ありません。

しかし、相場が下降トレンドに入って抜け出せず、含み損（取得した価格より時価が低い場合の差額）が膨らんでいくこともあります。そうなると、気持ちも憂鬱になり、どうすることもできず、そのまま保有してますます含み損が増える、という事態に陥りかねません。

損失を抑える一番の方法は、損切りです。損失が少ないうちに株を売却して、損失を確

定させるのです。

では、損切りの目安とは？

私の経験からいうと、**購入した価格より10％下落**すると、なかなか元の価格に戻るのが難しいと感じます。戻るにしても相当な時間を費やす。その前に損切りすることが私の場合は多いです。ただ、その人の性格、資金力、株の購入額によっても異なるので、損切りの正解を提示することはできません。


ですので、自分の許容範囲内で損切りルールを決めましょう。たとえば、購入時の株価から10％下がったら売る、と割合で決める。あるいは、損失が5万円になったら売る、と金額で決めてもいいでしょう。

とはいえ、ルールを決めても、いざ5万円下がったとき、「きっと今が底だろう。もう少し様子をみてよう」と躊躇する人が多いのです(笑)。

それならば、売る時も機械に任せて自動的に進めましょう。ネット証券のサイトで、自動で売却されるように設定しておくのです。この期間内に○万円になったら売る、という期間と価格を入力して、売り注文を出しておけば、もう迷わなくてすみます。ほうっておいても、その金額になったら売却されます。

Part 5

株式投資リスクを下げる10ルール

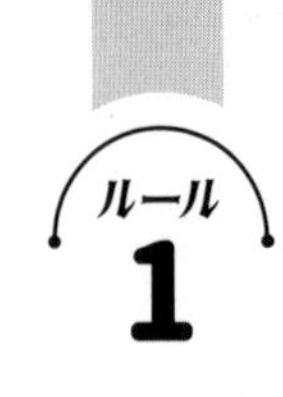

業種、地域、タイミングを分散する

PART3の投資信託のところでお話したように、投資先や、売買のタイミングを分散することは、投資のリスクを抑える有効な手法です。

それは株式投資にもいえることです。

初心者は、最初は1つ、2つの銘柄を買うことからスタートすると思いますが、今後、複数の銘柄を買い足していく場合、意識してほしいのが、同じような業種に偏らないこと。

値動きが異なる銘柄に分散することで、市場が大きく変動したときのリスクを避けることができます。

円安で儲かる企業、円高でトクする企業

値動きが異なる銘柄の代表的な例が、円安で儲かる企業と、円高でトクする企業です。

為替相場は株価に影響を及ぼします。

円安の今は、海外に製品を輸出する比率が高い、自動車、電機、総合商社などの外需関連の企業が好調です。

一方、石油や小麦粉などの原料を輸入に頼り、事業基盤が国内にあり、国内で利益を稼ぐ内需関連の企業は、円高のほうが有利。円が高いと、輸入の際に原料を安く仕入れることができ、コスト削減になるからです。食品、小売り、電力、ガス、陸・海運、建設などが内需関連の業種です。

2024年5月現在は円安が続いていますが、今後どう動くかはわかりません。たとえば、アメリカ大統領が誰になるかによっても為替は左右されます。

2024年11月にアメリカ大統領選挙が行われます。もし共和党のトランプ氏が大統領に返り咲いたら、円高に振れる可能性が高いでしょう。トランプ氏は、製造業などの国内の雇用を重視し、ドル高を好ましく思っておらず、ドル高を容認するバイデン政権を非難しています。

仮にあなたが2つの株を持っていたとして、2つとも、外需関連株だと、一気に円高に振れたときに下落のリスクが大きくなります。

2つの銘柄を買うならば、1つは外需関連、1つは内需関連から選ぶと、為替レートがどちらにふれても、一方は上昇し、大きな損失を防げます。

ディフェンシブ株と景気敏感株

景気や市場の影響を受けにくいディフェンシブ銘柄というものがあります。景気が後退しても業績があまり悪化せず、「守り」に強いことから、こう呼ばれています。業種としては、生活必需品である**食品**、**医薬品**、**日用品**、社会インフラの**電力**、**ガス**、**通信**などです。内需関連株と重複する業種もありますが、株価が安定している企業が多いので、初心者には、ディフェンジブ銘柄もおすすめです。

ただし、最近は特に食品関連など値動きが激しくなっている銘柄もあり、ディフェンシブ株とひとくくりにはできない状況になっているのも事実。

ディフェンシブ株とは逆に、景気に左右されやすい銘柄を景気敏感株と言います。業種は、**旅行**、**航空**、**小売業**のほか、**繊維**、**化学**、**鉄鋼**といった素材産業など。好景気のときは株価が上昇し、景気後退期には下落する傾向があります。

このように、為替レートや景気の動向に対する値動きは、業種によって異なります。複数の株を買う場合は、値動きが異なる銘柄を意識して、自身のポートフォリオ（資産構成）を組むとリスクを軽減できます。

買う前に銘柄の人気度を調べる

私は投資セミナーやインスタライブで参加者の質問に答える機会があるのですが、みなさん、意外に、自分が持っている銘柄のことを知らないな、と感じることがあります。

株を買うからには、その銘柄の株価が上がってほしい、儲けたい。それは誰でも思うことでしょう。ですので、みなさん、今は半導体銘柄がいいとか、自動車メーカーが好調だとか、そういう情報には熱心に耳を傾けています。なのに肝腎の、その企業の業績にはあまり興味がないのか、ちゃんと調べずに買ってしまう人が少なくないのです。

35年以上、株式投資に関わってきた私が言えることは、やはり**株価は業績に左右される**のが基本です。自分が購入したいと思う銘柄があったら、買う前に、その企業の業績を調べてください。どんなに「これは絶対爆上がりする」と勧められても、「この銘柄を買ったら半年で2倍になった」と友人が教えてくれても、株式投資に"絶対"はありません。永遠に上がり続ける銘柄もありません。

だからこそ、今現在の業績を知ることが不可欠なのです。
ほったらかし投資をするなら、なおさら業績をちゃんと調べることが大事。
業績が悪い銘柄を買って、ほったらかしにしたら、儲かることはできないでしょう。業績が安定しているからこそ、ほおっておいても大丈夫なのです。

買うべきか否かの答は、決算を見ればわかる

業績は、ネット証券のホームページや、「カブタン」など株式の情報サイトで見ることができます。

自分がこれから買おうと思う銘柄や、興味のある企業を検索すれば、各企業の業績が出てきます。最低限、**売り上げ**と**営業利益**をチェックしましょう。

「カブタン」のサイトの場合、「決算」をクリックすると、売上高、営業利益、経常利益、最終利益（純利益）が、過去3年分まで表示され、比較することができます。また、四半期ごとの実績も並んでいて、前期との比較もできます。

PART4でお話しした、時価総額、出来高、利回り、PBR、PERなどの情報や、ロー

ソク足チャートもすべてサイトで見ることができます。

全部見ようとすると疲れるでしょうし、わけがわからなくなるので、まずは売上高が上昇傾向にあるか、営業利益がプラスになっているかを確認してください。

直近で発表された決算の業績がいい銘柄は、買いの需要が増え、株価も上がるのが基本的な傾向。

この銘柄は伸びるか？　買ってもいいか？　の答は、業績にあります。

その答を見ずして株を買うのは無謀です。

他人のオススメにのらない

「オススメの銘柄を教えてください」

投資セミナーで、参加者の方から一番多い質問です。どの銘柄を買えば利益を得られるのかを、みなさん、知りたいのです。

しかし、何度も言いますが、株に"絶対"はない。100戦100勝の投資家はいません。

周りのオススメや体験談を聞くこと自体は情報収集に役立ち、勉強にもなります。ただし、自分のお金を投じるわけですから、最後は**自分の意志で決めて、自分の責任で買う**ものだということを心に留めておいてください。

誰かに銘柄を勧められたとしても、自分でその会社の業績を調べて、これなら大丈夫だろう、と納得して買うことが大事なのです。

人に勧められたまま買って、うまく株価が上がれば問題ないですが、下落したら、どう感じるでしょう？

「Aさんが勧めるから買ったのに……」と、アドバイスをくれたAさんに責任を転嫁し、その勧めにのったことを後悔する。最悪の場合、Aさんを恨んだり、ネガティブな感情が残ったりするかもしれません。

　買うときに主体性がないと、売るときも自分で判断ができなくなります。

「購入した銘柄が、こんなに含み損が出ているのですが、どうしたらいいですか？」と、私に相談する人もいました。

「そもそも、なぜこの銘柄を買ったのですか？　なぜずっと保有しているのですか？」と私が問うと、「いやぁ、人に勧められて買ったんですが……」と、答えられないのです。

　納得して買った株であれば、たとえ株価が下がっても、そこから何かを学び、次の投資に生かすこともできます。自分で銘柄を決められない、判断ができない、というのであれば、ＡＩに任せてロボアド投資をしたほうがいいと思います。

　自分で個別株を買って運用するならば、主体性を持って取り組みましょう。それが株を楽しむコツでもあります。

精神状態が悪い時は買わない、売らない

初心者は比較的、慎重に取引きする人が多いですが、慣れてきたり、短期トレードをするようになったときに注意していただきたいのが、焦って買ったり売ったりすること。

今はアルゴリズムといって、コンピューターが判断して自動的に売買注文を出す取引が行われているため、短時間で株価が激しく変動する傾向があります。

そのため、「今、買わなきゃ」「下落が止まらない、すぐ売らなければ」と焦って売買をしてしまうのです。あるいは、損失を出して、それを取り返そうと、また焦って買って、さらに損失を増やす……と、深みにハマっていくケースもあります。

こうなると、ギャンブルにハマる人と同じ心理状態です。

冷静さを失うと、人間は正しい判断ができません。

仕事もそうですよね。焦って結果を出そうとすると、思わぬミスをしたり、周りに迷惑をかけたり。いいことは何もない。

株式投資も同じです。

焦っているとき、判断がつかずイライラするときは、パソコンやスマホの画面を閉じて、取引をやめましょう。

「休むも相場なり」

これは株の格言です。

一旦、休んで、冷静に相場を見つめましょう、と。目の前の値動きに翻弄されて売買を繰り返していると、大きな落とし穴にはまりかねない。まずは、休め、という教訓です。

この時間帯の取引は要注意

また、会社でイヤなことがあった、夫婦げんかをした、子どもに怒鳴った……そういう精神状態のときは、株の取引をしないほうがいいですね。

精神状態は、株の取引に少なからず影響しますから、たとえ相場がよくてもやめましょう。

精神状態が悪いときは、本来の自分ではない、頭がカーッとなって、冷静な判断ができない、と思ったほうがいいです。そんなときに取引をしても、あとで、しまった！　と悔やむことになります。

体が疲れているときもやめたほうがいいでしょう。さっさと寝て、頭も体もリフレッシュした状態で株と向き合ってください。

特に注意してほしい時間帯があります。

前場が始まる9時から9時15分頃、後場の大引けの前、14時50分頃から15時。

最も取引が活発に行われ、値動きが激しくなるときです。大きくプラスになる可能性も、大きくマイナスになる危険性もある時間帯です。

リスクを避けるという意味では、この時間帯に取引をするのは避けたほうがいいでしょう。

ソンはするものと割り切りが大事

２０２３年から２０２４年４月にかけては日経平均株価が順調に伸長していました。その期間に株を購入していたら、初心者でも、買ったら株価が上昇して含み益が出た、という人が多いと思います。

だからこそ、勘違いしないでほしいのです。

そんな相場がずっと続くことはありません。

みなさんが買った個別株も上がり続けることはありません。

Ｐａｒｔ２でお伝えしたように、２０２３年から２０２４年にかけての株高は、コロナ禍で政府がお金をバラまき、円安が進むなどの好条件が重なった結果です。株価は、政治、外交、為替の変動に左右されますし、地震などの天変地異が起こったら、一気に暴落することだってあるのです。

忘れもしません。

２０１１年３月11日。東日本大震災が起きたとき、私は証券会社のサラリーマンで、証券ディーラーをしていました。金曜日の14時46分、大引けの14分前。東京も強い揺れに見舞われ、私は同僚たちと一緒に、一旦、会社の建物の外に出ました。しばらくして社内に戻った私は、持ち株のポジションを全て売却したのです。

その後、福島第一原発の爆発事故が報じられ、翌週には東証1部の銘柄の97％が下落しました。

いつどこで何が起こるか、予測はできません。**株は、世界情勢や天変地異の影響を受けるリスク商品**です。今どんなに株価が上がっていても、下がるリスクもあることを頭の片隅に入れておいてください。

下がった時に決断できるか

株投資を始めてみると、きっとみなさん

も実感すると思います。一番難しいのは、含み損が出たときの判断と決断です。

株価の下落が続くと、暗い気持ちになります。「どうしよう、売ったほうがいいのだろうか」と、仕事が手につかなくなるくらいに悩んでしまうこともあるでしょう。

株投資では、メンタルを平静に保つことがとても大事。先ほどもお話したように、焦ると判断を誤ります。

では、メンタルを平静に保つにはどうすればいいのでしょうか？

ソンが出るのは当たり前、と思えば、気がラクになります。

儲かるときもあれば、ソンをするときもある。それが株投資なのです。この当たり前の現実を認識することです。

何億円と稼いでいる投資家だって、しょっちゅう損失を出しています。自分が買った株すべてが上昇することなんて、まずありません。

そして、これは株投資の基本ですが、絶対に、余剰資金で行うこと。生活に必要なお金を投入したら、メンタルを平静に保つことなどとてもできません。

マイナスは早く切ってプラスは残す

株式投資は、利益を上げることよりも、損失を抑えることのほうが難しいと言っても過言ではありません。稼いでいる投資家は、いかに損失を抑えるかというリスク管理が上手です。

「見切り千両」という株の格言があります。

含み損を抱えた株を、損失の少ないうちに見切りをつけることには、千両の価値がある、という意味です。加えて「損切り万両」ともいわれ、ある程度の損を覚悟して株を売ることには、万両の価値があると喩えられているのです。

私自身も、証券ディーラー時代をふり返ってみると、月に5億円の利益をもたらしたことより、多大な損失を寸前で食い止めたことのほうが、印象に残っています。

ITバブルが陰りをみせていた2000年、破竹の勢いで上昇していた「光通信」の株価が、3月から4月にかけて20日連続のストップ安（株価の異常な暴落を防ぐために株価の1日の変動幅を制限する制度）をつけ、大暴落しました。これは今でもストップ安の記録です。絶頂期に24万1000円だった株価は1万3800円まで下落しました。

暴落のきっかけは、架空契約疑惑を報じた週刊誌のスクープと、それに続く、光通信の業績の大幅な下方修正と赤字転落でした。私は週刊誌の記事を読んで、すぐに売買をストップし、急落前に決済できたのです。おかげで多大な損失を出さずにすみました。

利益を上げること以上に、損失を防ぐことが大事なのです。

損切りしないと生じる3つのリスク

誰だって、「儲けたい、損はしたくない」と思います。だから下落している株でも「上がるまで持っていよう」と売る決断ができなくなる。その気持ちはわかります。

でも、含み損を抱えた銘柄を保有していると3つのリスクがあります。

まず、さらに下落が進み、含み損がもっと膨らむ危険性がある。

そして、塩漬け状態になることで、そのお金は拘束されます。ほかの株や投資信託への運用の機会も、お金を使って何かをする機会も奪われてしまうのです。

3つ目には精神的なストレス。含み損が膨らんだ株を保有し続けるのは、けっこう気が重いものです。また下がっているんじゃないかと株価が気になって仕方ない。

損を最小限に抑えるためにするのが損切りです。それによって、お金の損失、心のストレスをストップできるのです。

株で利益を上げられない人の傾向として、株価が上がるとすぐに売って、下がると塩漬けにしてしまう。損だけがたまっていく状態です。逆なんです。

マイナスは早く売って、プラスは残す。

そのほうが資産を守れて、心も穏やかでいられます。

含み損が増えると、どうしても「損失」にフォーカスしがちです。

近視眼的に見るのではなく、たとえば今月は損切りして、これだけマイナスになるけれど、半年でトータルしてプラスになればいいや、と、中期・長期のスパンで見て取引を考えるほうが、資産にも心にも余裕ができます。

ルール7 売り・買い指標を持ちすぎない

本書では、リスクの少ない「ほったらかし投資」について紹介していますが、短期トレードに興味がある方もいらっしゃるでしょう。私自身も、中期・長期目線の投資が主体とはいえ、チャンスがあるときは短期トレードを行うこともあります。

株の売買のタイミングを判断するときの指標になるテクニカル分析は、主に短期トレードのときに使われますが、中期・長期の投資でも、売買をする際に役立ちます。

ＰＡＲＴ４で、ローソク足チャートと移動平均線を紹介しました。テクニカル分析には、ほかにも、フィボナッチ、ボリンジャーバンド、ＭＡＣＤ、一目均衡表など、さまざまな指標があります。

株投資をやり始めて、探求心にスイッチが入ると、こうした指標を知りたくなります。勉強熱心な人は、ネットや本などで情報を集めて知識を蓄えます。

それは良いことですが、大事なのは知識を有効活用すること。

知識を得たものの、頭でっかちで、結局、儲けられない……という人は、案外多いんです。
というのも、移動平均線もボリンジャーも、MACDも……加えて、PBRにPER……とあらゆる指標を見ると、迷って決断ができなくなるのです。
結局、買うタイミングも、売るタイミングも逃してしまうのがオチ。

この指標では現在の株価は割安だけれど、こっちの指標では買われ過ぎ……など、食い違いがあると、どれを信じていいのかわからなくなります。

人間は、自分の都合のいいように考えがち。たとえば損切りを迷うとき、「この指標の分析でいくと、このあと上がりそう」と、一つでも希望的な指標があると、他の指標が下降のサインを示していても、希望的なほうを信じてしまう。結局、損切りを遅らせることになりかねません。

指標が多いと、自分で判断する軸がブレてしまうのです。

1つか2つに絞って判断

いろんな指標を勉強することはいいけれど、判断の軸になる指標は、1つか2つに絞ることをおすすめします。

数多い指標の中から、この分析がわかりやすい、使いやすい、これを信じたら利益が上がった、など、自分に合うものを見つけてください。

その指標を軸に売買を判断しましょう。

広く浅くの知識ではなく、自分が信じる指標の見方や分析の仕方をきちんと学んで、自身の分析力をブラッシュアップしていく。そのほうがずっと効率的です。

初心者はプライム市場から始めよう

2022年4月に東証の市場区分が再編されました。

株主数、流通株式数、流通株式時価総額などの基準によって、「プライム」「スタンダード」「グロース」の3つに分けられています。

プライムは、以前の「東証1部」にあたる、時価総額の多い大企業向けの市場です。

スタンダードは、プライムに準ずる規模の企業が上場する市場です。

グロースは、以前の「マザーズ」や「ジャスダック・グロース」にあたり、規模は小さくても、高成長が期待できる企業が上場する市場です。

2024年5月末現在の上場会社数は、プライム1648、スタンダード1604、グロース581社です。

東証全体の時価総額は、990兆円を超え、プライムの時価総額は約955兆円（2024年4月末）。96％以上をプライム市場が占めているのです。

少し話が逸れますが、「日経平均株価がバブル期を超えた」「4万円を突破」とニュースで大々的に取り上げられましたけれど、プライム市場の時価総額が900兆円を超えたことのほうが、意味があることだと私は思います。

バブル絶頂期の89年12月の東証1部の時価総額は約590兆円でした。当時と比べて**1.5倍近くに上がった**わけです。市場全体の規模がそれだけ大きくなり、取引が活発化しているということです。

時価総額が大きい企業の株のほうが売買しやすい

初心者が株を買う場合、まずプライム市場から選ぶことをおすすめします。

グロース市場の銘柄は、今後大きく伸びる可能性もあるけれど、逆もあり得るわけです。グロース市場は上場の際の時価総額の基準が低いので、企業の規模も小さく、株の発行枚数も少ない。そのため取引の数が少なく、買いたいときに買えない、売りたいときに売れない、ということも起こり得ます。

当然ですが、株の取引は、売り手がいるから買える。買い手がいるから売れる。たとえばトヨタや東京エレクトロンなどの時価総額の大きい企業は、取引をしている人の数が桁違いに多いわけです。仮に何かのきっかけで株価が上昇したときに、買いが殺到しても、今が株価のピークだろうと、売る人もそれなりに出てくるため、売買が成立するのです。

ところが、極端な数字で例を示すと、売買している人が数人しかいない場合、「買いたい」という人が3人いて、売る人が1人しかいなければ、2人は買うことができません。時価総額が低い企業には、そういうリスクがあるのです。

もちろん、慣れてきたら、グロース市場の企業の成長性に賭けてみるのもいいでしょう。

人気のIPOって？

新規公開株を公募したり、売り出したりすることをIPOと言います。

上場前の公開価格よりも、株式を売り出したときの初値のほうが上回ることが多く、人気があります。公募枚数より応募数が多いと抽選になり、特に人気の銘柄は、当選する確率が低いのです。

正直、私は初心者にはIPOをおすすめしません。初値のあとしばらくしてどんどん値が下がり、半年後、1年後には値が3分の1ぐらいに落ちる銘柄もけっこうあるからです。

一番気をつけたいのは、抽選で外れて、売り出し後に初値で買うケース。高値つかみになりかねません。

もう一つ、初心者に新規公開株をすすめられない理由は、上場前の業績しか調べられないからです。これは上場したばかりの銘柄にも言えることです。

上場したとたんに営業利益が赤字になっている企業もあります。せめて上場して半年、1年は様子をみないと、いろんな指標の判断がつきません。よくわからない企業に賭けるよりは、名も実績もある企業の株から始めたほうが無難といえます。

ルール9 デイトレは勝てる領域ではない

株式投資に慣れてくると、デイトレード（買ったその日のうちに売却する手法）などの短期売買をやってみたくなるものです。

私が講師を務める投資セミナーでも、デイトレに興味を持つ人はとても多い。短期間で大きな利益を得る可能性があるトレードに魅力を感じるのもわかります。私も証券ディーラーだった頃は、デイトレを中心に行っていた時期もあり、その面白さもわかります。

しかし、サラリーマンのみなさんは本業がありますから、一日中パソコンやスマホの画面とにらめっこをしてトレードをすることはできないでしょうし、おすすめもしません。「デイトレで月○万円を稼ぐ」などというネットや雑誌の記事につられて、知識も経験もないうちに安易に手を出すと、大やけどにつながるリスクがあります。

「デイトレで、勝てなくなったなー」

プロの個人投資家が集まると、口をそろえて、こう話しています。35年以上、投資の世界に身を置く私も、年々、短期トレードで勝つことが難しくなっていると感じます。

AIによる高速化に人間はついていけない

その理由は、投資の世界にアルゴリズム取引が入り込んだからです。

アルゴリズムとは、コンピューターシステムが株価や出来高に応じて、自動的に売買のタイミングや数量を決めて注文を繰り返す取引です。アルゴリズム取引が、投資の世界に入ってきたのは随分と前です。当初はアメリカの機関投資家を中心に広まったようです。機関投資家というのは、証券会社や、保険会社、銀行などの大量の資金を使って運用を行う大口投資家のことです。

ここ数年で、アルゴリズムは日本の機関投資家にも普及し、もはや個人投資家が太刀打ちできない状況になっているのです。

まず、アルゴリズムが入ってきたことで、取引が高速化されました。

銘柄ごとの売買注文の数量を示す「板」と呼ばれるものがあるのですが、パソコンやスマホでそれを見て注文していては遅いのです。板に1万株あるのを見て、買い注文を出すと、100株しか取引ができなかったり、自分が希望していた値段で売買することができなかったり、ということが起こるのです。

加えて、アルゴリズムによって株価の値動きが、早く、大きくなっているのも近年の特徴。値動きが大きいのは、短期トレードの面白みでもあるのですが、一瞬でドーンと下がるリスクもあります。ギャンブルに近いものになっていると感じます。

今後もアルゴリズムが進化していくのは確実。AIの進歩に人間は追いつきません。ますます短期トレードで儲かるのは難しくなるでしょう。

短期トレードをするのであれば、こうした状況をふまえて、リスクを覚悟したうえで臨んでください。

信用取引はリスクを肝に銘じて

最後にもう一つ、リスクを伴う取引についてお話しします。

株の取引には、現金取引のほかに「信用取引」という方法があります。

現金や株券を担保として預け、お金を借りて売買をすることができる制度です。預けた担保は「委託保証金」といい、その**約3倍まで借り入れが可能**。たとえば100万円を預ければ300万円までの資金が得られて取引ができるのです。

信用取引には金利や手数料がかかりますが、最近は条件によっては手数料が無料の証券会社もあります。

なお、信用取引の口座を開くには審査があり、一定以上の投資経験や、一定以上の資産がないと審査に通りません。審査基準は証券会社によって異なりますが、それほど厳しい基準ではないようです。

信用取引のメリットを挙げると、少ない資金でも3倍の取引ができること。一日に同じ銘柄を買って、売って、また買って、売って、と何度も取引できること。また、株価が下落局面のときは「**空売り**」ができます。空売りとは、売りから入る取引で、さらに下落が進んだところで買い戻せば、その差額分が利益になります。

信用買いにしろ、空売りにしろ、資金の3倍の取引ができるので、利益も大きいですが、反面、損失も大きくなるわけです。

信用取引を行うために必要な最低委託保証金維持率を下回ると、追加の保証金（追証）を要求されます。それを払わないと、強制的に株を売却されてしまいます。

空売りの場合は特に注意が必要です。空売りした銘柄が上昇すればするほど損失が膨らむからです。

下落は、最悪ゼロという限度がありますが、上昇には限りがないので、何度も追証を要求されるケースは珍しくありません。

また、特に値動きが大きいＩＰＯ銘柄やグロース市場の銘柄を買う場合は、取引できるマックスの金額を保有したまま翌日に持ち越すのはリスク大です。大引け前には、自身が預けた委託保証金までポジションを減らせば、下落リスクを軽減できます。

現在のように株価が好調のときは、大きく儲けたいと信用取引に関心を寄せる人が増えますが、大きな損失リスクと背中合わせなので、投資の経験を積んでからにしたほうがよいでしょう。

信用取引を始める場合は、追証が発生する際の計算の仕方など規則をちゃんと知って、リスクを軽減する対策を整えてから挑みましょう。

PART5でお話したルールは、できるだけ投資のリスクを下げるためのアドバイスと提案です。

人によって資産もリスク許容度も違います。どんな取引をするかは、みなさんの自由。自分で考え、自分に合った手法で行ってください。

おわりに

投資を始めないとソンをする——これは、金銭面のことだけではありません。

本書で何度もお伝えしましたが、株式相場の動きは、世界情勢、国の政策、他国との交渉などの影響を受けます。

株式投資を始めると、政治、経済から流行りものまで、あらゆるニュースにアンテナが向くようになります。

日銀総裁の一言で円安が進む。アメリカ大統領戦の結果によって為替の流れが変わる。1つ、2つの株を買っただけでも、そうした世界中のニュースが自分ごととして耳に入ってくるのです。

国策を調べていくと、税金の使われ方や、株式市場に流入する資金の供給元が日銀であることなど、国民として知っておくべき金融・経済の状況がわかるようになります。株投資をやっていると、おのずと知識欲がわいて、好奇心や探究心が旺盛になり、勉強したくなるのです。

株投資を入口に、知識が増え、視野が広がる。このメリットは、金銭以上に大きい、一生の財産だと私は思います。

サラリーマンのみなさんにとって、グローバルな知識や視野は、仕事にはもちろん、人間関係を築くうえでも役立つでしょう。自分の成長にもつながります。

金銭面だけでなく、多くのことを教え、与えてくれるのが投資の世界なのです。

投資の扉を開けることなく、閉じたまま生きるのはもったいない気がしますね。


大仰なことを言いましたけれど、まずは気軽に始めてみてください。

お金を増やしたい、儲けたい、というのは人間の素直な欲です。それを否定せず、とにかく株投資を楽しんでほしいと思います。楽しむことが一番です。

お金儲けも、勉強することも楽しい！　迷ったり、悩んだり、疑問に思ったり、何かヒントがほしかったり……そんなときは、再び本書をめくっていただければ幸いです。


株投資という土俵では、初心者のみなさんも、投資歴35年以上の私も、ひとりの投資家。経歴が長ければ勝てるものでもない。初心者のほうが儲かることもよくある話。そこがまた株投資の面白さでもあります。自信をもって、土俵に上がってきてください。

2024年6月

個人投資家　たけぞう

STAFF

デザイン／片渕涼太　片渕真利（haguruma.pepper.graphics）
執筆／村瀬素子
イラスト／いぢちひろゆき

たけぞう／個人投資家

1988年に証券会社へ入社し約30年間勤務。東京証券取引所において、4年間の“場立ち”を経て20年間以上証券ディーラーとして活躍。多い時には約10億円の資金運用を託され、重圧と戦いながら約50億円の収益を上げる。現在は個人投資家である傍ら「誰にでも、わかりやすく」にこだわり、ラジオ、セミナーなどで投資手法を伝え、一人でも多くの投資家が株で収益を上げられるように日々活動を行っている。特にメルマガは午前4時前に起床し、国内の主なニュースや株価に影響のある記事を新聞4～5紙からまとめ、早朝に終わるNY市場の動向も配信している。また毎朝、スペース、インスタライブで直近の相場の振り返りを配信。X（@noatake1127）のフォロワー数は、約23万人。

月1万円 ほったらかし投資

著　者　たけぞう
編集人　栃丸秀俊
発行人　倉次辰男
発行所　株式会社主婦と生活社
〒104-8357 東京都中央区京橋 3-5-7
03-5579-9611（編集部） 03-3563-5121（販売部） 03-3563-5125（生産部）
https://www.shufu.co.jp
製版所　東京カラーフォト・プロセス株式会社
印刷所　大日本印刷株式会社
製本所　小泉製本株式会社
ISBN:978-4-391-16268-4